AF283503

Pamela Kribbe

El hombre prohibido habla

Título original: The forbidden male speaks
Copyright © Pamela Kribbe, 2024

Copyright © 2025 para la edición española.
Ediciones Vesica Piscis
Suertes Viejas, 11
29170 Colmenar, Málaga, España
T: +34 952 730 466

administracion@vesicapiscis.eu
www.vesicapiscis.eu

Traducción: Isabel Suarez Perez
Revisión: Sylvie Duran
Diseño de la portada y maquetación: Vesica Piscis
Todos los derechos reservados.

ISBN: 978-84-15795-46-9
D.L.: MA 74-2025

Toda impresión, reproducción y difusión de esta obra o de sus ilustraciones, sea total o parcial, así como su almacenamiento o disposición en una base de datos o en Internet no está permitida.

Pamela Kribbe

El Hombre Prohibido Habla

Mensajes de Jeshua acerca del amor,
las relaciones y la masculinidad
basada en el corazón

Ediciones Vesica Piscis • Colección Corazones Abiertos

ÍNDICE

INTRODUCCIÓN

El propósito de este libro es familiarizarte con la energía del hombre prohibido y darle el espacio para que hable. ¿Quién es este hombre prohibido? Y ¿hay realmente un hombre prohibido escondido en cada uno de nosotros?

Nuestra cultura se caracteriza por el dominio masculino en todos los aspectos de nuestra vida: social, político, religioso y familiar. Durante siglos los puestos para el rey, el juez, el sacerdote y el jefe de familia se reservaron a los hombres. A lo largo de nuestra historia patriarcal son los hombres los que han tenido los mayores privilegios. Entonces, ¿cómo se deduce que se les prohibió o se les negó algo? ¿No solemos pensar que son las mujeres las oprimidas y a las que se les prohíbe expresarse y desarrollarse?

En el último siglo, la mujer moderna ha disfrutado de una creciente emancipación. Ha luchado por sus derechos y ha logrado avances en diversos aspectos, tiene más voz y voto en todas las áreas de su vida y, aún así, frecuentemente se enoja con los hombres, porque siente que ellos fueron y siguen siendo los perpetradores y opresores que continúan reprimiéndola. Pero a través de la experiencia propia y con el correr del tiempo, la mujer moderna ha aprendido a manejar esto de manera más efectiva. En la actualidad, el hombre ya no es necesariamente el líder y el cabeza de familia, y cada vez más se le retrata como un ser autoritario, insensible, machista y, muchas veces, emocionalmente ausente.

Esta imagen tradicional del hombre, que se ha instalado en la consciencia colectiva, no solo niega los derechos de las mujeres, sino que además suele retratar a un hombre demasiado absorto en su trabajo. Carece de habilidades de comunicación adecuadas, no está emocionalmente disponible, frecuentemente considera a las mujeres como objetos sexuales y no entiende nada de espiritualidad. Estas características del hombre, que se basan en la imagen tradicional del mismo, están actualmente bajo un escrutinio feroz. Pero, ¿esta imagen coincide con lo que realmente sienten y piensan los hombres actuales? ¿A qué nos oponemos realmente cuando los juzgamos? ¿Es algo inherente a ellos o es solo esa imagen tradicional de masculinidad en la que los mismos hombres podrían sentirse atrapados y a la cual se sienten obligados a adaptarse? Estas son preguntas importantes, porque cuando hablamos de una imagen, estamos tratando con una construcción humana.

Los humanos creamos imágenes u opiniones del mundo exterior a partir de nuestras propias expectativas, deseos e ideales, y como tales, estas podrían ser más una distorsión de la realidad que un reflejo auténtico de la misma. En otras palabras, ¿es nuestra imagen de la masculinidad un reflejo fiel de cómo son realmente los hombres, o es una distorsión o perversión de su verdadero ser, basada en nuestras propias experiencias? Por lo tanto, la pregunta más importante es ¿en qué consiste la verdadera masculinidad?

Si bien en la actualidad se hace mucho hincapié en la importancia de la emancipación de las mujeres y en tener una comprensión más amplia de lo que es la feminidad, esto a su vez supone que entendemos muy bien qué es la masculinidad. Pero, nuevamente, ¿es esta comprensión de la masculinidad realmente obvia? ¿es la energía masculina de verdad competitiva, combativa, resolutiva, controladora, emocionalmente ausente y hambrienta de sexo? ¿O es que los hombres están atrapados en esta caricatura? ¿Es esta una imagen que ellos deben mantener para sobrevivir social y emocionalmente? Si este fuera el caso, ¿cuál es el precio que pagan por ello? ¿Qué sucede cuando alguien se ve obligado a usar una camisa de fuerza construida con imágenes y expectativas que no se ajustan a sí mismo, pero que es tan omnipresente y pesada que no puede ni se atreve a salir de ella? ¿Qué heridas emocionales causa esto? ¿Qué parte de la psique masculina pasa a la clandestinidad y se vuelve prohibida debido a la influencia penetrante de esta imagen tradicional de lo que debería significar ser un hombre, y cómo esto afecta a los hombres, a sus relaciones y al mundo en general?

En nuestra consciencia actual hay un punto ciego fundamental acerca de lo que realmente constituye la masculinidad, que será una parte importante de la discusión en este libro. Es un tema que rara vez se explora, o que se explora superficialmente y que no llega a abordar lo que yo llamo "la herida masculina". La naturaleza violenta que pueden exhibir los hombres, está incrustada en la antigua imagen de masculinidad que hemos heredado de manera colectiva y su efecto disruptivo tanto en niños como en hombres también se discutirá en este libro.

El hombre prohibido que intentó emerger fue llevado a la clandestinidad debido a que su originalidad, sensibilidad y sinceridad no fueron toleradas por las reglas, expectativas e ideales existentes, que se basaban en lo que se consideraba como comportamiento masculino aceptable.

La necesidad de los hombres de pasar a la clandestinidad conduce a una serie de problemas psicológicos. A nivel colectivo, conduce a la soledad, la represión emocional, el empobrecimiento de las relaciones, la agresividad, la violencia y la falta de creatividad e inspiración. Los hombres sufren por esa imagen impuesta de lo que debería ser la masculinidad, lo cual tiene consecuencias de gran alcance. Tiene efectos profundos no solamente en su psique, sino también en sus relaciones con las mujeres, con otros hombres, con sus hijas e hijos y, en última instancia, tiene consecuencias profundas a escala global. El mundo aún esta dominado a nivel político internacional por una forma de liderazgo masculino que se basa en esa imagen empobrecida y deshumanizada de la masculinidad.

Es el momento de entender las consecuencias destructivas que se producen en los hombres que tratan de vivir de acuerdo con esta imagen impuesta. Aclararé cómo romper esta camisa de fuerza a nivel interior y así llegar a una nueva comprensión de la masculinidad. Ya es hora de que este hombre prohibido hable.

El hombre prohibido fue y sigue siendo el rostro primordial, esencial, de la masculinidad. Es el aspecto masculino del alma que representa la claridad, la perspicacia, la innovación y la creatividad. Esta energía masculina amorosa desea proteger la vida. Como es un aspecto del alma, el hombre prohibido está presente tanto en hombres como en mujeres, ya que el alma lo abarca todo, y, por lo tanto, tanto lo masculino como lo femenino. La energía masculina original dentro de cada uno de nosotros nos ayuda a conectar con una individualidad única que necesita expresarse en esta realidad terrenal.

El hombre prohibido no es solo un hombre per se, sino que es una energía tremendamente valiosa para hombres y mujeres, que está disponible para que la redescubramos y la despertemos dentro de nosotros mismos. Estamos en la Tierra para expresar nuestra alma, que es única, y para ello es fundamental que integremos nuestros lados masculino y femenino primordiales.

El poder original de la energía masculina, naturalmente inquisitiva, libre y aventurera, ha sido severamente reprimido, distorsionado y herido tanto en hombres como en mujeres. Sabemos que las mujeres han sido víctimas de una tradición paternalista; sin embargo, esto también se aplica a los hombres. Su psique y su autoimagen han sido profundamente dañadas por un ideal agresivo e inhumano de "cómo debería ser un hombre". Esto ha tenido una influencia tan abrumadora en todos nosotros, que hemos llegado a aceptar que los hombres "simplemente son así".

En 2018, escribí el libro *La Mujer Prohibida Habla*, que destaca cómo las mujeres han sido heridas psicológica y emocionalmente a lo largo de la historia. Y cómo todavía luchan, a pesar de todo lo que han ganado en materia de igualdad de derechos y mayores oportunidades, por su desarrollo personal y social. Su herida es un sentimiento persistente de indignidad, unido a una tendencia a dar y cuidar demasiado de otros, y a la incapacidad de asumir plenamente su propia autonomía. Tal como lo exploraremos a través de estas páginas, la liberación del hombre prohibido no solo se aplica a los hombres.

En este libro planteo un punto crucial: las mujeres no se atreven a abrazar su propia energía masculina. Es cierto que han aprendido a comportarse "de manera masculina" en el lugar de trabajo, pero ese tipo de energía, de hecho, proviene de la imagen tradicional que nos ha sido transmitida de la energía masculina, es decir, una energía asociada con un hombre duro y competitivo, que no representa en absoluto la energía masculina auténtica. En las siguientes páginas explicaré cómo las mujeres también necesitan excavar en su interior la energía masculina primordial y despertar "al hombre prohibido". Esto tiene un significado muy profundo tanto para ellas como para los hombres.

Es importante que las mujeres recuperen el poder autónomo de su alma estableciendo un contacto positivo con su propia energía masculina. Esto las empodera para que se conviertan en creadoras maduras, se liberen de patrones de excesiva generosidad y dependencia, y estén más abiertas a relaciones de pareja en igualdad de condiciones. La "energía masculina prohibida" es la energía de la autonomía, el respeto por uno mismo y la visión.

La imagen tradicional de la energía masculina está en desacuerdo con la energía femenina, porque describe a esta ultima como débil, caprichosa y emocional. Sin embargo, la energía masculina madura y primordial sí está en armonía natural con las cualidades femeninas de conexión, empatía e intuición.

Las imágenes tradicionales distorsionadas que hemos recibido acerca de la masculinidad y la feminidad influyen fuertemente en nuestras relaciones y en nuestra perspectiva del amor. Por ello, este libro también aborda nuestros deseos y expectativas acerca de las relaciones y la intimidad.

La idea del "hombre prohibido" también es relevante aquí. En sus relaciones con los hombres, las mujeres todavía se dejan llevar, casi siempre de manera semiconsciente, por imágenes estereotipadas tradicionales de la masculinidad que las confunden enormemente. Tienen expectativas ambiguas acerca de los hombres. En sus sueños románticos, todavía esperan la llegada del caballero de brillante armadura, como una torre que representa la fuerza, el líder poderoso y protector. Subconscientemente, todavía asocian la masculinidad con ser duro, fuerte e inflexible. Pero en la práctica, anhelan una comunicación significativa, intimidad emocional y una conexión humana profunda. Estas expectativas están en desacuerdo entre sí. Los hombres, por otro lado, también tienen expectativas ambiguas respecto de las mujeres, una mezcla de imágenes estereotipadas e ideales, por un lado, y un deseo de conexión auténtica, por el otro.

Detrás de las imágenes construidas acerca de lo masculino y lo femenino, y por las cuales nos definimos, se encuentra la realidad de nuestra individualidad única. Dentro de todos nosotros, hombres o mujeres, vive una chispa de individualidad y originalidad primordiales que emana de nuestras almas. No somos cuerpos, sino almas, seres inspirados que viven en un cuerpo masculino o femenino. El alma contiene ambos aspectos, posee energía masculina y femenina. Estos dos polos son una parte esencial de lo que existe en toda la creación.

La raíz de muchos de nuestros problemas se hace evidente cuando ignoramos esto último y nos identificamos demasiado con ser hombre o mujer. Esto equivale a negar o suprimir la individualidad única de cada uno de nosotros como almas. Las relaciones que no se basan en el contacto de almas están plagadas de expectativas e imágenes arquetípicas sobre la masculinidad y feminidad, pero carecen de la energía masculina y femenina primordial del alma misma. Porque más allá de estas imágenes estereotipadas de lo que son el hombre o la mujer considerados ideales, se encuentra la insondable profundidad del alma humana.

La energía masculina prohibida es de interés para todos. En la actualidad, dentro de los círculos espirituales muy frecuentemente se habla del renacimiento de la energía femenina que está ocurriendo en esta época. Sin embargo, existe una necesidad igualmente urgente del renacimiento de la energía masculina. El rostro de la energía masculina primordial ha estado oculto durante demasiado tiempo en el orden existente, con consecuencias desastrosas para el bienestar del hombre y la naturaleza.

Este libro aboga por un retorno a la masculinidad con alma, rompiendo el tabú sobre lo que es la energía masculina basada en el corazón. Es decir, reconociendo las heridas emocionales en los hombres, despertando a las mujeres para que acepten su propia energía masculina, y, finalmente, liberando tanto a hombres como mujeres de los deseos y estereotipos compulsivos. Entonces, una vez más, habrá espacio para que el alma participe en las relaciones. Imaginemos un campo de batalla al que el alma regresa, para traer sanación.

¿Qué es la canalización?

Este libro consiste en información canalizada. Lo que encontraréis en estas páginas es información recibida intuitivamente desde fuentes que se encuentran más allá del plano material terrenal. Tradicionalmente, se utiliza la palabra "mediumnidad" para este modo de comunicación. Desde mi perspectiva, la canalización es una forma de colaboración entre una fuente espiritual y un ser humano terrenal. Esta fuente está al nivel de nuestra alma. El maestro o la energía que se canaliza es parte de una realidad que está más allá del espacio, el tiempo y la materia. Esta realidad no está fuera de nosotros, sino que está presente en nuestro interior y es accesible a través de nuestro corazón y nuestra intuición.

Para aclarar cómo funciona la canalización, me remontaré al año 2002 y explicaré cómo empezó todo. Ese año comencé mi práctica de lectura del aura. Mi pareja, Gerrit, y yo habíamos tenido un profundo interés por la filosofía y la espiritualidad a lo largo de nuestras vidas. Yo obtuve un doctorado en filosofía, mientras que Gerrit trabajaba como informático y tenía un hondo conocimiento de la hipnoterapia, la astrología y la literatura esotérica.

Cuando nos fuimos a vivir juntos, en 2001, nos propusimos realizar sesiones por la noche en las que yo entraba en un estado de trance. Con su amplia experiencia y afinidad con la hipnoterapia, Gerrit me guiaba mientras explorábamos muchos aspectos de nuestra constitución psicológica: bloqueos emocionales, vidas pasadas y amplias preguntas sobre la vida y la espiritualidad.

Una noche, durante una sesión, sentí una presencia que no reconocía. Anteriormente había interactuado con guías y maestros espirituales que me rodeaban con energía suave y sugerencias amorosas, pero esto era diferente. Esta presencia se sentía seria y penetrante. Decidimos investigar quién o qué era y cuando me conecté con esta energía, sentí una presencia sabia y masculina. Vi muy claramente el nombre "Jeshua ben Joseph" aparecer ante mi ojo interior, el nombre arameo de Jesús.

En un instante, en lo más profundo, supe que era verdad. Había sentido la energía de Jesús. Al mismo tiempo, un coro de voces escépticas y racionales empezó a cantar en mi cabeza, diciéndome que no podía ser verdad, que era extraño, ridículo y pretencioso. Este coro nunca ha sido silenciado por completo, pero ahora canta un poco más suave.

Después de conectarnos con Jeshua y la energía Crística hemos tenido tantas experiencias y encuentros maravillosos y valiosos en nuestras vidas, que, poco a poco, me convencí de que efectivamente hay algo allí que no proviene solamente de mí.

Inmediatamente después de conocer a Jeshua, pude sentirlo

conmigo. Me ayudó a mantenerme firme durante las consultas individuales de lectura del aura, protegiéndome así de estar demasiado sobrestimulada porque, a veces, podía sentirme energéticamente exhausta después de hacer una lectura. Jeshua me enseñó cómo fortalecer y mantener mis límites (¡Energía masculina!). Lo hacía a través de una transferencia de energía y de mensajes telepáticos cortos.

Siempre me siento centrada cuando me sintonizo con la energía de Jeshua. Es cuestión de mantenerme tranquila y centrada, y dejar ir los pensamientos y emociones inquietantes e irrelevantes. Es una sensación de libertad interior.

Durante esta primera fase de nuestra colaboración con Jeshua, no le confiamos ni le contamos a nadie lo que estaba pasando, hasta que pasó más de un año. Luego, les contamos a algunos buenos amigos esta experiencia y organizamos pequeñas sesiones con ellos. Gerrit y yo recibimos una serie de mensajes de Jeshua posteriormente publicados en inglés en el libro titulado *The Jeshua Channelings,* (cuyo nombre en español sería *Las Canalizaciones de Jeshua*) y también los publicamos en Internet en https://jeshua.net/esp/.

En abril de 2004 nos invitaron a un centro espiritual en Bélgica para hacer una canalización frente a una audiencia en vivo. Sentí que debía aceptar esta invitación a pesar de que tenía que superar algunos miedos muy poderosos. Esta reunión fue el comienzo de muchas conferencias canalizadas que se llevaron a cabo en presencia de grupos cada vez más numerosos de personas. Una vez que nos hicimos conocidos de esta forma, tuve que luchar con mis propios miedos e incertidumbres en torno a la canalización.

Y, sin embargo, la atmósfera en las reuniones era tan especial y la energía de Jeshua tan palpable, que me sentí inspirada para continuar. En estas sesiones conocimos a muchas personas y también más tarde en los talleres que ofrecimos. Sentíamos una afinidad natural con ellos, compartíamos intereses comunes y una apertura hacia lo espiritual. La energía de Jeshua allanó el camino para que yo pudiera encontrarme con mi "familia espiritual" a través de encuentros de corta duración. Estas interacciones fueron muy importantes para mí, algunas incluso se convirtieron en amistades duraderas. Todas fueron regalos preciosos.

¿Qué sucede durante una canalización? Esta es una pregunta para la que no tengo una respuesta definitiva, pero puedo describir cómo se siente. Debido a mi trabajo como lectora del aura, yo ya estaba familiarizada con el estado de trance antes de comenzar a canalizar. La conciencia de trance requiere una combinación de relajación y alerta. En el estado de trance, mi cuerpo se siente más fluido, más ligero y puedo mirar un tema libre y abiertamente sin pensar demasiado en él.

En este estado, la percepción es intuitiva. Es una "sensación de conocimiento", no cargada de emoción o juicio. Sin embargo, esto no significa que lo percibas todo correctamente. El grado en que esta percepción es clara y fuerte depende del equilibrio emocional que hayas alcanzado en tu interior. Nunca es perfecto, pero cuanto más creces interiormente, más fácil te resulta observar las cosas abierta y libremente. Estoy convencida de que, al desarrollar habilidades como la lectura del aura y la canalización, el propio desarrollo interior personal se vuelve mucho más importante que el aprendizaje de ciertas técnicas.

En el estado de trance, al menos en mi caso, nunca siento una pérdida de control. Nunca he perdido la conciencia durante este estado, como tampoco he perdido la consciencia al canalizar a Jeshua. Sería más preciso decir que mi autoconsciencia aumenta a medida que la energía y los mensajes de Jeshua fluyen a través de mí. No me siento desconectada, pero sí me siento conectada a un nivel más profundo en mi interior, un nivel que no puedo alcanzar fácilmente en mi vida diaria.

Cuando canalizo soy consciente de quién soy realmente. Mi yo superior o el ser angelical que en realidad soy se me revela.

Cuando estoy canalizando, se podría decir que mi "pequeño yo" se conecta con mi "yo superior" y la energía de Jeshua actúa como mediadora en este proceso. Es como si su energía me permite sentir y aceptar genuinamente mi propia grandeza.

Cuando las personas experimentan el fenómeno de la canalización, el peligro que puede surgir es que consideren el conocimiento o el mensaje que les llega, por definición, como superior o mejor porque proviene del "más allá". Pero este no es el caso. La verdadera prueba de que una información es canalizada es la claridad y el amor que se expresan a través de ella. Quién o qué se está canalizando es de importancia secundaria.

También es importante saber que los mensajes canalizados están coloreados por la experiencia y la comprensión individual de quien los transmite. La pureza de la canalización no está determinada por el hecho de que el canalizador se desconecte por completo (eso es imposible), sino por su capacidad de servir a la energía que está canalizando. Es decir, no distorsionar lo recibido, o distorsionarlo lo menos posible, al tiempo que es consciente de sus propios juicios y temores. La pregunta crucial que uno debe hacerse sobre cualquier mensaje espiritual es: ¿viene del amor o del miedo? Esta es la pregunta más importante que hay que hacerse, más que quién es el autor del mensaje.

Recordad, lo último que un verdadero maestro espiritual quiere es que vosotros aceptéis lo que él dice porque así lo dice. Una solicitud de tal grado de sumisión a la autoridad va en contra de la esencia misma de la espiritualidad. Todo lo que realmente necesitáis saber ya se encuentra dentro de vosotros mismos. No hay autoridad fuera de vosotros, ni ningún "maestro ascendido" o "ser de luz" que sepa más que lo que ya hay en vuestros corazones.

En la filosofía de la ciencia, que es la rama de la filosofía que se ocupa de la pregunta "¿Qué es la ciencia?", hay una escuela de pensamiento que sostiene que nuestras ideas cotidianas son subjetivas y que la ciencia (física) contiene la verdad objetiva sobre la realidad. Podría llamarse a esto objetivismo.

Otros filósofos contemporáneos sostienen que las ideas científicas están fuertemente influenciadas por suposiciones no probadas, determinadas por la historia y por expectativas subjetivas. Creen que la ciencia muestra solo una interpretación del mundo, una versión de la verdad. A esto se le podría llamar relativismo, la postura de que no hay ningún punto de vista que sea completamente objetivo, en el sentido que sea independiente de cualquier observador (subjetivo). Yo misma me inclino a suscribir el relativismo y creo que también es pertinente para la canalización y la mediumnidad.

A veces la gente espera que hablar con "el otro mundo" los ponga en contacto con la verdad objetiva, la revelación de cómo son realmente las cosas, libres de la perspectiva humana. Esto es un error. Las perspectivas desde el otro lado siguen siendo perspectivas. Deberían ser esclarecedoras, inspiradoras y daros esperanza, coraje y fuerza, pero no necesariamente revelan la verdad última. Recordad que son canalizadas por seres humanos que están muy influenciados por su trasfondo cultural, y eso está bien. Sin embargo, la idea de que existe una verdad última, en el sentido de que existe una visión del mundo o un sistema de pensamiento objetivamente correcto, no nos ha servido de mucho en el pasado.

Sí creo que existe algo así como una energía de la verdad. Es una energía que emana de personas auténticas y amorosas. Puedes sentirla cuando te conmueve una hermosa obra de arte o cuando estás en plena naturaleza. Es una energía de claridad y simplicidad. En esa energía, percibimos algo que podemos intentar capturar en palabras, ideas o teorías, pero se nos escapa, porque esa energía de la verdad nunca se puede reducir a palabras y conceptos.

Las canalizaciones de Jeshua contienen esta energía de la verdad, pero no os dicen cómo es realmente esa verdad. Os dicen que la verdad sí se puede encontrar en vuestro interior. En otras palabras, no es tanto que las canalizaciones dicen la verdad, como que hacen tangible la "energía de la verdad". Si sentís esta energía al leer los mensajes de Jeshua, entonces se ha logrado el propósito de este libro.

A continuación, se encuentran algunas palabras del propio Jeshua sobre el fenómeno de la canalización. Así que lo que sigue es una canalización acerca de la canalización.

La canalización es una forma de acercaros a vosotros mismos a través de otro. Este "otro" cumple temporalmente la función de un maestro y su energía os ayuda no solamente a llegar a un nivel más profundo dentro de vosotros, sino que también os eleva por encima del miedo que oculta vuestra luz esencial. Un maestro ve vuestra luz mejor que vosotros mismos y os muestra vuestra propia luz. Una vez que esta luz se vuelve visible y accesible para vosotros, el maestro se vuelve prescindible. En ese preciso momento, podéis empezar a canalizar vuestra propia luz. El otro ya no tiene que ser el puente entre vosotros y vuestro ser superior.

Por un tiempo os recordaré vuestra propia luz. Yo reflejo vuestra propia grandeza en la forma de Jeshua ben Joseph. Os veis a vosotros mismos y a vuestro ser Crístico en mí, pero aún no lo sabéis. Yo soy vuestro marco de referencia; mi energía es una guía para vosotros. Os ayudo a conectar más profundamente con vuestro propio ser Crístico. Cuando vuestro ser Crístico va cobrando protagonismo poco a poco, entonces yo paso a un segundo plano. Esto es bueno. Recordad que en esta relación, yo estoy aquí para vosotros, vosotros no estáis aquí para mí. No soy un fin, sino un medio. El renacimiento de la energía Crística es la resurrección de vuestro ser Crístico, no el mío.

Hago lo que promueve vuestra grandeza. Mi objetivo es que logréis hacerme obsoleto. Cuando me canalicéis, no os hagáis pequeños o invisibles. Quiero que os hagáis más grandes, que sintáis vuestro verdadero poder fluyendo y que dejéis que vuestra luz brille en el mundo.

Un maestro muestra el camino, pero vosotros lo recorréis. Después de un tiempo, os dais cuenta de que estáis caminando solos y habéis dejado atrás al maestro. Este es un momento grandioso y sagrado. El maestro permanece con vosotros y mora en vuestro corazón como una forma interior, pero su forma exterior desaparece.

Seguimos conectados, pero con el tiempo me reconoceréis cada vez menos como una figura separada y querréis invocarme con menos frecuencia. Entonces me habré convertido en vuestra propia energía. Ya no me conoceréis como algo separado de vosotros. Esto significa que realmente me escuchasteis y me visteis.

La estructura de este libro

En la primera parte, este libro incluye mensajes de Jeshua sobre la masculinidad y la transición de la consciencia basada en el ego a la consciencia basada en el corazón. La importancia de la energía masculina basada en el corazón se explica primero en un nivel metafísico fundamental. La energía masculina crea separación y ayuda al alma a salir de la Unidad para que pueda seguir su camino individual. Asimismo, Jeshua explica el valor de la energía masculina basada en el corazón, relacionada con la sensibilidad y los límites. Cuanto más sensible y abierta se vuelva vuestra consciencia en la transición del ego al corazón, más importante será utilizar vuestra propia energía masculina para crear espacio para vosotros y conectaros con vuestra alma. Las canalizaciones de esta sección también incluyen una serie de meditaciones guiadas que os conectan energéticamente con vuestra propia energía masculina del corazón.

En la segunda parte, le hago preguntas a Jeshua sobre la energía masculina y femenina. En este diálogo con Jeshua, se describe en profundidad la herida de la energía masculina como una herida en el corazón de los hombres que los ha separado de sus almas. Es importante que los hombres reconozcan esta herida y reconsideren su definición de masculinidad, la cual se ha basado en una imagen histórica antigua de lo que es la masculinidad. Cuando hay espacio para una imagen diferente de la energía masculina, en la que el corazón juega un papel destacado, se crea sanación no sólo en los hombres, sino también en las mujeres, en las relaciones de pareja y en la sociedad en su conjunto. Específicamente, se analiza el efecto que la energía masculina basada en el corazón tiene en las relaciones, ya que esta energía crea espacio para una conexión libre y madura, que honra la individualidad del otro, y en la que se liberan las ilusiones sobre la unidad y la "fusión en la unidad".

Por último, en la tercera parte del libro, hay cuatro meditaciones que os ayudarán a poneros en contacto con la energía masculina primordial de vuestro corazón. Estas meditaciones canalizadas surgieron durante un taller que hicimos para hombres, pero son igualmente valiosas para las mujeres. No solo es importante que las mujeres también comprendan la herida colectiva de los hombres, sino que además es esencial que conecten con su propia energía masculina.

PARTE 1

MENSAJES DE JESHUA

1

LA SEPARACIÓN DE LOS SEXOS

En esta canalización, Jeshua habla acerca de cómo nace un alma y cómo evoluciona hasta convertirse en un ser individual. Además de ser "expulsada" de la Unidad, el alma atraviesa un segundo momento de separación cuando se produce una división entre lo masculino y lo femenino. El alma elige tomar una forma masculina o femenina en el camino de su encarnación, y esta separación o limitación tiene un aspecto tanto doloroso como creativo. Jeshua explica cómo la separación refleja el aspecto masculino de la creación, y cómo esto concede profundidad y creatividad. En nuestro camino de consciencia nos dirigimos hacia el crecimiento de nuestro equilibrio interior, entre la conexión y la auto-consciencia, entre la unidad (energía femenina) y la separación (energía masculina).

Soy Jeshua. Os doy la bienvenida. Os aprecio profundamente.

Deseo hablaros de un viejo dolor que yace latente en vuestra consciencia. Muchas de vuestras dificultades emocionales diarias y la agitación que hay en vuestro interior provienen de un dolor psíquico primario que yo llamo "el dolor de la separación". Hay una herida en vosotros, un vacío que seguís intentando llenar. En la mayoría de vosotros este dolor primario es muchas veces inconsciente y, al mismo tiempo, está presente como un trasfondo. Como no sois conscientes del origen de este dolor, intentáis resolverlo alcanzando metas externas: el trabajo inspirador que os conviene, el amante ideal o el estilo de vida adecuado.

Si estas permanecen fuera de vuestro alcance, os sentís infelices, insatisfechos y dudáis del significado de vuestra existencia. Pero la verdadera causa de vuestro dolor no se origina al no alcanzar metas externas, sino que se encuentra en un nivel mucho más profundo: el dolor primitivo y la herida de la separación.

Quiero hablaros sobre la causa u origen de este vacío existencial. "Vacío", cuando se usa aquí, es sinónimo de "separación". Experimentasteis vuestra primera separación al comienzo de vuestro viaje como alma, cuando os separasteis del Todo o la Unidad. Tened en cuenta que, cuando hablo del alma y de cómo comenzó o nació en el tiempo, en realidad estamos cruzando la frontera de lo que puede ser comprendido por la mente humana. Así que no toméis mis palabras demasiado literales, porque en esta historia que os voy a contar, uso imágenes para poder hacer tangible el cómo llegasteis a existir.

Imaginad que en aquellos lejanos comienzos existía un agua primordial, un vasto mar rodeado por la extensión del cielo. El espacio celestial en el cual se encuentra el agua representa la consciencia. El espacio en sí mismo no es nada, al menos no en el sentido material. Es consciencia pura. El agua representa la vida, el movimiento, la dinámica y el sentimiento. Hubo un tiempo en el que vosotros estabais en esa agua.

Imaginad que sois parte del agua que se mueve con la corriente. Puede que sintáis que vuestros límites se disuelven lentamente. Os fundís en el agua; la sentís suave y agradablemente fresca. Si os imagináis vívidamente absorbidos en esa agua primordial, puede que sintáis que ya no tenéis cuerpo. Vuestro cuerpo se ha disuelto y todo lo que sois ahora es un punto de consciencia. Sois uno con el agua y no experimentáis las limitaciones de tener un cuerpo. Sentís que el agua os rodea y al mismo tiempo sois el agua. Es una sensación extraña.

Sentid cómo en ese yo difuso que sois surge un deseo de aire para respirar. Este deseo repentinamente os hace concentraros. Os identificáis con esa necesidad y vuestra consciencia se fija en ese único objetivo: el aire y la respiración. Vosotros nunca habéis respirado antes, pero algo dentro de vosotros sabe que queréis experimentar esto y ese algo os tira y empuja hacia la superficie del agua. De repente, levantáis la cabeza en este mar que parece un útero y respiráis. ¡Estáis encarnados! Estáis en una forma física. Sois un cuerpo que respira.

Primero sentid eso, tomad una respiración profunda y tomad consciencia de vuestra corporalidad. Vuestro anhelo por el aliento de vida os ha convertido en seres corpóreos. Ya no estáis absortos en el agua, en la unidad oceánica. Ahora estáis separados, sois independientes y autónomos, y lo que os ha llevado a esta separación es el fuego de vuestro deseo. Este deseo que surge del aspecto masculino de vuestra consciencia como alma es un deseo creativo. Este aspecto quiere liberarse de la unidad porque tiene un deseo profundo y apasionado de experimentar la vida. El anhelo de individualidad, encarnación y separación es un deseo creativo, porque solo a través del yo, a través del sentimiento subjetivo, la experiencia de la vida se convierte en vuestra propia experiencia.

Este sentimiento es subjetivo. Sentís las cosas a vuestra manera, que es individual, lo cual no es posible dentro de la seguridad del mar primordial. Debido a la separación, surge un yo limitado y una consciencia subjetiva, que se experimentan en conjunto con la dualidad y la diversidad. Hay muchas chispas conscientes encarnadas que tienen cada una su propia experiencia y su propia perspectiva, y esta diversidad trae consigo problemas, como la sensación de fragmentación y, a veces, la sensación de estar en rivalidad con otras almas individuales.

En el mar primordial vosotros erais uno y en ese sentido estabais a salvo y seguros. Cuando fuisteis dirigidos fuera de este útero oceánico, fue doloroso y difícil porque, por primera vez, os sentisteis desconectados. Cuando os convertís en individuos y sois separados del todo, es como un salto de fe para el alma, es una aventura que atrae y, al mismo tiempo, desconcierta. Este salto a la dualidad proviene del fuego creativo del alma misma, pero al mismo tiempo produce una profunda confusión: el dolor primordial de ser expulsado de la unidad.

Ese dolor metafísico primordial se puede comparar con lo que ocurre cuando un bebé sale del útero de su madre y nace en la Tierra. Abandona su entorno seguro y experimenta la distinción entre sí mismo y el mundo exterior. La travesía desde la unidad hacia la separación se repite a sí misma con cada encarnación. Cada vez que el alma da el salto hacia el dominio terrenal y respira en la dualidad y la diversidad, abandona la unidad para emprender la aventura y el dolor de la encarnación.

Sin embargo, hay otro salto hacia la separación que ocurre después del nacimiento como alma individual y eso ocurre cuando os diferenciáis en hombre o mujer. Cuando os identificáis con cualquiera de los dos géneros, os alejáis aún más de la unidad, porque, en principio, el alma no está polarizada, es al mismo tiempo masculina y femenina. Como almas, habéis vivido muchas vidas, habéis adquirido experiencia en varios lugares del universo y habéis residido en muchas dimensiones de densidad distintas.

La densidad material de la Tierra no se parece a ningún otro lugar o dimensión en la que hayáis estado encarnados. Hay dimensiones más etéreas donde es más fácil permanecer conectados con vuestra alma, donde aún no hay separación entre lo masculino y lo femenino. Allí, sois seres andróginos y experimentáis esto como algo muy natural. Si queréis, podéis recordar cómo era tener un cuerpo sin género, sin polarización, ya sea en forma masculina o femenina. A pesar de que el estado andrógino es más natural que el estado polarizado, vuestra alma deseaba experimentar la polaridad y vuestro fuego creativo os empujó hacia una separación aún más profunda.

Al igual que el primer paso, el segundo paso, es decir, la división entre lo masculino y lo femenino, se logró a través de un deseo creativo de realización e incluso estuvo acompañado de un dolor y soledad aún más profundos en vuestra alma.

Lo que queríais aprender a través de esta experiencia dual de separación es la habilidad de experimentar la unidad y la conexión de una manera consciente. En el mar primordial, vosotros no podíais experimentar conscientemente la unidad porque formabais parte del mar como una consciencia indiferenciada. Vuestro estado del ser era difuso, latente y medio dormido. Carecía de consciencia. El deseo de aire, de respirar, es en realidad el deseo de consciencia. Es decir, el salto a la autoconsciencia y, por lo tanto, a la separación, está impulsado por el deseo de una mayor consciencia. Vosotros no solamente sois creados en ese momento de separación como almas individuales, sino que inmediatamente os convertís vosotros mismos en creadores, en almas creativas. Ahora sois un "yo" que adquiere experiencia y con el tiempo desarrolla la capacidad de tomar decisiones y transformar las experiencias en conocimiento y sabiduría.

A partir de este deseo de expandir la consciencia, os conectáis con otros seres conscientes o almas, permitiendo que ocurra la comunicación y la interacción. Pero en ello no hay un sentido automático de unidad, ya que todas ellas son experiencias subjetivas diferentes y cada alma sigue su propio camino. La unidad debe producirse de manera consciente a través de las cualidades de empatía, comprensión, compasión y perdón.

A través del nacimiento y la separación, la unidad inicial se desintegra y en el curso de un largo y profundo proceso de evolución nuevamente se restaurará a través del corazón. Lo que a mí me importa deciros es que los dos saltos de separación por los que pasasteis como almas no fueron errores o equivocaciones, sino una decisión creativa que proviene del aspecto masculino del alma. Quiero dejar esto claro en relación con el segundo salto de separación, que llevó a la división entre lo masculino y femenino y a la separación de los sexos.

En el momento en que el alma elige una vida terrenal, elige una vida sexual y nace en un cuerpo femenino o masculino. El salto a un cuerpo terrenal es muy intenso para el alma y es experimentado como una enorme contracción de la consciencia. En los reinos celestiales, donde el alma suele residir antes de una encarnación, hay una sensación de libertad y fluidez, la cual es difícil de mantener en la esfera terrestre.

Cuando empezáis a encarnaros en la Tierra, tenéis que acostumbraros a estar en un cuerpo. Por esta razón, el alma a menudo querrá practicar ser del mismo sexo durante un tiempo. Cuando el alma nace por primera vez como hombre, querrá repetirlo para ganar experiencia y entender cómo funciona la vida en un cuerpo masculino en la Tierra.

Finalmente, esta alma también querrá experimentar vidas femeninas, para entender también esa perspectiva. Muchas, pero no todas las almas, tienden a regresar repetidamente como mujer o como hombre. Lo hacen en parte por costumbre, en parte por un deseo de especialización. La especialización también es una forma de separación que te permite experimentar un aspecto de la creación con todos sus matices y profundidades.

Encarnarse unilateralmente y de forma repetida como hombre o mujer os proporciona la oportunidad de experimentar la separación y el dolor de sentiros incompletos. Esto parece paradójico; ¿por qué buscaríais ese dolor? Cuanto más profundamente el alma experimenta la separación y se siente perdida en la dualidad y la desconexión, más grande es el deseo de unidad, de volver a la conexión con el Todo. Cuando el dolor de este deseo se envuelve en la consciencia, se transforma en una energía creativa que genera amor.

El amor es reconoceros a vosotros mismos en el otro. Incluso si el otro se presenta ante vosotros en una forma completamente diferente, con un género o cuerpo diferente, o con una perspectiva totalmente distinta, cuando amáis, os conectáis con el otro a un nivel que trasciende las diferencias. Os conectáis con el núcleo del otro, con la chispa de consciencia del alma, que es única y, sin embargo, la misma. Sentís calidez, solidaridad y compasión en vuestro corazón y trascendéis las diferencias comunicándoos, comprendiéndoos y perdonándoos.

Esta evolución hacia el amor es el objetivo final del salto o saltos hacia la separación. Con respecto al amor entre el hombre y la mujer, la separación de los sexos invita a la exploración del romance, el enamoramiento y la sexualidad. El deseo de unificación entre los sexos es un deseo creativo y se vuelve profundamente alegre cuando se trata de una danza entre almas que portan polaridades opuestas, pero que al mismo tiempo reconocen la Unidad en el otro. En ese momento la lucha termina y podéis disfrutar de la combinación entre la unidad y la diversidad, conectándoos y al mismo tiempo sosteniéndoos a vosotros mismos.

La separación entre lo masculino y femenino a nivel físico crea la posibilidad del amor entre los sexos. Obliga al alma, desde el profundo deseo de unificación, a comunicarse consciente y vulnerablemente con el otro, a entenderse con el otro y a conocerse íntimamente.

De esta manera, la separación puede llevar a un nivel más profundo de consciencia y amor del que hubiera sido posible si os hubierais encarnado en la Tierra como seres andróginos. Este enriquecimiento no solo está ahí para ti y para el otro, sino que también es una fuente de inspiración en un sentido más amplio, que nutre el arte, la literatura y la música.

El fuego creativo del alma os lleva a la aventura de encarnaros en un cuerpo femenino o masculino, y esta separación puede ser emocionante y alegre, pero también puede conducir al dolor, al aislamiento y al sufrimiento. El segundo paso de la separación, la división entre lo masculino y lo femenino, ha traído innegablemente gran dolor a vuestra historia. Cuando hay demasiada identificación con lo masculino o lo femenino, la conexión con vuestra alma se pierde, dejando espacio para que surja la división y la alienación entre hombres y mujeres. Esto ha sucedido a lo largo de la historia humana. Muchos de vosotros estáis heridos a causa de ello y todavía traéis esas heridas a vuestras relaciones, incluidas las sexuales. Algunas veces os sentisteis profundamente decepcionados de la vida en la Tierra y experimentasteis el agudo dolor de la separación. A veces esto os lleva a desear retiraros del plano terrenal. Anheláis la cálida seguridad y la sensación de unidad que no requiere esfuerzo del mar primordial del que hablé antes.

Quiero decir algo a quienes anhelan esto y experimentan resistencia a la vida en la tierra. Recordad que, además de vuestro deseo por la unidad, siempre ha habido un deseo de despertaros y volveros conscientes de vosotros mismos. Pensad en vuestra salida del agua para esa primera respiración. Queríais vivir, queríais crear consciencia, queríais convertiros en individuos y evolucionar. Cuando el dolor de estar en la tierra se apodera de vosotros y comienza a ser demasiado grande, estáis negando ese fuego creativo dentro de vosotros mismos. Queréis regresar al mar primordial y disolveros en él. Pero vuestro verdadero viaje no es retroceder, vuestro verdadero destino está ante vosotros y el propósito es doble: experimentar la conexión y la unidad, y al mismo tiempo, la autoconsciencia y la autorrealización, ser vuestro yo único y tomar consciencia de vuestra propia divinidad.

Para poneros en contacto tanto con la conexión como con la separación, tanto con ambos aspectos femenino y masculino de vuestra alma, os pido que entréis en vuestro corazón. Tomad una respiración profunda dentro del espacio de vuestro corazón donde nace el amor y donde vuestro dolor está rodeado de dulzura y comprensión. Preguntaos a vosotros mismos: "¿Qué he elegido ser históricamente como alma? ¿Una fuerte identificación con lo masculino o una fuerte identificación con lo femenino?". ¿A qué mi alma se ha acostumbrado más a ser? Por un momento, observad cómo se siente eso. Sentid también cómo puede haber aparecido un cierto desequilibrio si habéis desarrollado demasiada energía femenina o demasiada energía masculina.

Ahora imaginad que os encontráis con vuestro amado interior. Esta es la parte de vuestra alma que permaneció en un segundo plano cuando os identificasteis con un género en particular. Por ejemplo, cuando os convertís en mujer en una encarnación, la parte masculina de vuestra alma permanece atrás, en el trasfondo, en el sentido que se vuelve menos manifiesta. Vuestra energía femenina será física y emocionalmente más dominante, por lo cual vuestra energía masculina permanece, por así decirlo, en el cielo, en el reino del alma.

Conectad ahora con la parte de vuestra alma que ha permanecido más bien en un segundo plano durante vuestras encarnaciones. Observad esta parte, la cual aparece ante vosotros como un hombre o una mujer como puente hacia vuestra totalidad como alma. Miradle a él o ella. Sentid como la presencia de vuestro amado interior es un ancla que os estabiliza. Sentidlo fluir a través de vuestro cuerpo, de vuestro campo de energía, y dejad que os arraigue y os centre. Si os inclináis con más fuerza hacia la energía femenina, la energía masculina de vuestro amado interior os equilibrará. Por el contrario, si naturalmente os inclináis más hacia la energía masculina, os sentiréis más cómodos con esa energía, entonces la energía femenina de vuestra alma os arraigará y calmará.

En el estado actual de vuestro desarrollo como almas, la mayoría de vosotros estáis restaurando la unidad entre los opuestos dentro de vosotros mismos. Cada vez con más fuerza experimentaréis lo femenino y lo masculino como polos que están ambos presentes en vosotros. Esto se debe a que habéis crecido en consciencia, habéis puesto la separación en perspectiva y os habéis conectado profundamente con vuestra alma. Estáis integrando vuestras experiencias terrenales. Al final de vuestro viaje a través de la separación, habiendo pasado por el primer y segundo salto de fe, habéis llegado a la autorrealización: os convertís en un "yo" consciente y, al mismo tiempo, estáis conectados con todo y con todos los que os rodean a través de vuestro corazón. Aceptáis lo masculino y lo femenino en vosotros mismos, vuestro ser uno (único, autónomo, y también vuestro Ser Uno) conectado, trascendiéndoos a vosotros mismos, como parte del Todo.

2

INTEGRAD VUESTRA ENERGÍA MASCULINA

Jeshua distingue entre la consciencia basada en el ego y la consciencia basada en el corazón en ambas energías, la masculina y la femenina, que tienen un lado luminoso y uno oscuro. Él enfatiza cuán importante es reconocer e integrar la versión madura y basada en el corazón de la energía masculina, especialmente cuando tenéis una energía femenina sensible que carece de límites.

Soy Jeshua, vuestro hermano y amigo.

Me gustaría hablaros acerca de la energía masculina y su integración en vuestra consciencia cotidiana. Esto es de gran importancia tanto para mujeres como hombres.

Este mundo se encuentra en medio de una transición del ego al corazón, de la consciencia basada en el miedo y la carencia, hacia la consciencia basada en la compasión y la abundancia. Dejar ir la consciencia basada en el miedo es particularmente desafiante a nivel humano, ya que durante muchos siglos se ha convertido en un hábito y una forma de supervivencia. Sin embargo, la consciencia basada en el miedo es profundamente destructiva, siempre está buscando el poder y el control, y, por lo tanto, conduce a la lucha y a la competencia entre las personas. La naturaleza está subyugada por esta forma de consciencia y se ha agotado por su causa.

Las energías de miedo, control y poder bloquean la libre expresión del alma en la realidad terrenal. El alma prospera con la apertura, la alegría y la libertad. Sin estas energías del corazón, un ser humano se marchita como una flor sin agua ni luz. Las personas están sufriendo colectivamente porque están desconectadas de sus almas. Existe un sufrimiento mental, psicológico y emocional generalizado causado por los efectos enfermizos del miedo, la preocupación y la falta de amor. Si no os sentís en contacto con vuestra alma, no podéis estar verdaderamente inspirados ni experimentar la vida como algo significativo.

La necesidad de cambio se está intensificando en todo el mundo. Se presenta de muchas maneras: los desastres naturales, las enfermedades, la pobreza y la guerra. Todos ellos muestran cómo funciona la consciencia colectiva y cómo se encuentra en gran parte atrapada en las garras del miedo y el control. Las crisis, sin embargo, pueden invitar a una profunda reflexión y toma de consciencia acerca de las causas del sufrimiento.

En vuestro mundo está comenzando a ser cada vez más claro que el viejo modelo de liderazgo, basado en la autoridad, la coacción y el control, está fallando y es contraproducente. Las formas autoritarias de liderazgo aún están omnipresentes, pero en el interior, a nivel psicológico, se está empezando a producir un cambio total en la consciencia colectiva. Hay una resistencia creciente hacia las formas tradicionales de liderazgo masculino, y la propia energía masculina en sí misma está siendo cuestionada de manera profunda y fundamental.

El ego o la energía masculina basada en el miedo está desconectada del corazón y de las cualidades femeninas de empatía, conexión y compasión. Esto lleva a una forma irrespetuosa, casi mecánica, de relacionarse con la vida. Las personas, los animales y las plantas son tratados solo como medios para conseguir un propósito. Hoy en día, la cultura global de producción y consumo, que está orientada al logro y al éxito, es literalmente inhumana, porque ignora la dimensión humana y la fragilidad de la vida. Cada vez más personas se dan cuenta de ello, pero todavía falta una alternativa evidente y una clara visión de lo nuevo.

Es necesario redefinir la energía masculina de una forma tal que la masculinidad sea entendida como naturalmente conectada con la feminidad y no en oposición a ella. Se necesita hacer espacio para una energía masculina que no busque subyugar ni controlar a las personas y a la naturaleza, sino que sirva al bien común a partir de un sentido de verdad, sabiduría y claridad. Este tipo de energía masculina madura y superior sí existe, aunque no se reconoce fácilmente debido a que aún está presente la imagen tradicional de masculinidad. Durante mucho tiempo esta energía masculina madura ha sido una "energía prohibida", sin lugar para expresarse en aquellas culturas dominadas por estructuras de poder masculino basadas en el ego.

Yo mismo fui un hombre prohibido. No encajaba en la sociedad autoritaria en la que vivía y chocaba con la energía masculina basada en el ego que había en ese entonces. Mi destino no fue único. Siempre ha habido personas que se han sentido ajenas a la sociedad, que han criticado la consciencia colectiva y abogado por más igualdad, amor y compasión. La energía masculina madura y libre de poder es una energía del corazón, y esta energía masculina basada en el corazón está presente tanto en hombres como en mujeres. Es importante que la existencia y características de esta energía masculina sean más ampliamente reconocidas y entendidas. Se necesitan nuevas definiciones de la energía masculina basada en el corazón que sean ejemplos y modelos a seguir.

Se debería hacer una distinción clara entre la energía masculina basada en el ego y la energía masculina basada en el corazón. Lo mismo debería hacerse en relación con la energía femenina, puesto que también tiene una expresión oscura y una luminosa. Ambas polaridades se alimentan ya sea del miedo y del ego, o del amor y la confianza. La energía masculina basada en el corazón es amorosa, es respetuosa de lo vulnerable y honra lo femenino. Y, al mismo tiempo, no es energía femenina. La energía masculina superior se caracteriza por la veracidad, la concentración y la claridad. Estas son cualidades masculinas que pueden ser igualmente encarnadas por las mujeres. La energía masculina crea diferenciaciones y límites basados en la verdad. Es por naturaleza unidireccional y centrada, lo que conduce a la claridad y al conocimiento a nivel del corazón. La energía femenina, por su parte, es por naturaleza unificadora y trascendente, y conduce hacia el amor y la compasión a nivel del corazón, cualidades que también pueden ser encarnadas por los·hombres.

Dado que vosotros conocéis principalmente la expresión de la energía masculina basada en el ego, que se asienta en el miedo, el poder y el control, entonces, la expresión superior de esta energía no os es familiar. Es así como, en ausencia de una masculinidad madura, la energía femenina a veces es idealizada y se considera como moralmente superior. Se cree que es amable y amorosa, es decir, como un antídoto para la agresividad masculina, y esto crea una gran contradicción entre lo masculino y lo femenino.

Ha surgido, por un lado, una imagen estereotipada de una energía masculina abusiva basada en el ego, y, por otro lado, una energía femenina amorosa basada en el corazón. Parece que éstas son las únicas alternativas. Sin embargo, estas imágenes son incorrectas y demasiado simplificadas. También son dañinas porque 1) al no reconocer ampliamente la energía masculina del corazón, no podéis integrarla y usarla adecuadamente, y 2) al no reconocer ampliamente la energía femenina basada en el ego, de igual manera no podéis liberarla y usarla adecuadamente.

Comenzaré con el segundo punto. Hay dos expresiones de la energía femenina: la energía femenina basada en el corazón, que corresponde a su expresión superior, la cual es empática, gentil y sabia; y la expresión de la energía femenina basada en el ego, que opera desde el vacío, la falta de independencia y la falta de autoestima. La forma de energía femenina basada en el miedo puede volverse manipuladora, sofocante, acusadora, disconforme y resentida. Por ahora, no hablaré más del lado oscuro de la energía femenina. Me concentraré principalmente en definir la energía masculina basada en el corazón. Lo que me gustaría enfatizar con respecto al segundo punto es que, para tener una comprensión clara de la energía masculina en comparación con la femenina, se debe distinguir entre la expresión basada en el ego y la expresión basada en el corazón de ambas.

La transición del ego al corazón no es una transición de lo masculino a lo femenino; ambas energías necesitan ser elevadas a una consciencia basada en el corazón, que es su expresión superior. Crecer desde la consciencia basada en el ego a la consciencia basada en el corazón también significa transformar y liberar la energía femenina basada en el miedo dentro de vosotros. (N.del E.:este tema es tratado en profundidad en el libro La Mujer Prohibida Habla).

Con respecto al primer punto ¿cómo reconocéis e integráis la energía masculina del corazón? Previamente mencioné algunas de las cualidades asociadas con esta energía y ahora hablaré de manera más visual acerca de ella, para que vuestra imaginación y sentimientos se involucren.

Imaginad que hay un caballero en vuestro corazón. Tratad de visualizar una personalidad masculina centrada y consciente en el centro de vuestro corazón, empuñando una espada, irradiando fuerza y amor. Sentís en él una forma particular de liderazgo y confianza en sí mismo, y, al mismo tiempo, compasión y benevolencia. Su visión, su enfoque, su decisión no excluyen, sino más bien incluyen todo; toman en cuenta diferentes perspectivas y consideraciones. No es dominante ni controlador, sino claro. Vigila el todo, no lo oscurece. Hay algo penetrante, honesto y aleccionador en su presencia.

Tomad esta figura y miradla. ¿Cómo os afecta esta energía masculina basada en el corazón? ¿Podéis sentir de qué manera esta energía os pertenece? Esta presencia energética que sentís y percibís no es algo o alguien externo a vosotros. Esta energía es vuestra. Pertenece a vuestra alma, ya seáis hombre o mujer.

Las energías masculina y femenina son cualidades del alma. Tanto los hombres como las mujeres se han distanciado de la energía masculina basada en el corazón. Habéis visto muy pocos ejemplos de esta expresión de energía masculina basada en el corazón en vuestras vidas. Vuestros padres solían ser autoritarios y dominantes, o ausentes y emocionalmente cerrados.

Muchos de vosotros sois sensibles y empáticos con los demás. Esto a menudo significa que podéis perder contacto con vosotros mismos cuando estáis con otros. Vuestros límites se difuminan fácilmente y tenéis dificultades para manteneros fieles a vuestras propias necesidades en vuestras relaciones con los demás, ya sean pareja, familia o compañeros. Cuando vuestra energía masculina no funciona apropiadamente, a menudo os sentís incapaces de asumir vuestro propio espacio, lo que genera en vosotros una sensación de agotamiento, ira o decepción. Esta es una situación que frecuentemente ocurre con mujeres y hombres extremadamente sensibles y empáticos.

Imaginad que decís SÍ a vuestra energía masculina del corazón. Ella fluye a través de vosotros y sentís su poder amoroso, cálido y protector. Podéis experimentar esto como una energía masculina que es paternal, alentadora y sabia. Sentid si hay partes específicas de vuestro campo energético, de vuestro cuerpo, que necesitan esta energía. ¿Qué os sucede cuando permitís que esta energía masculina fluya a través de vosotros? Puede que sintáis que, como resultado, os distanciáis de situaciones o personas que os agotan o perturban. Si tenéis tendencia a absorber fácilmente la energía de otras personas, especialmente de las que amáis y que son importantes para vosotros, esto puede desequilibraros y, con demasiada frecuencia, borrar vuestro sentido del yo.

La energía masculina os recuerda que debéis centraros en VOSOTROS. ¿Qué siento ahora mismo? ¿Qué necesito? La energía masculina os ayuda a reclamar vuestro propio espacio.

Imaginad que hay un espacio energético a vuestro alrededor que es vuestro. Os pertenece solo a vosotros. Ahora, ordenad a las energías que no son vuestras (el dolor, la emociones y las preocupaciones de otras personas) que abandonen este espacio. Hacedlo con tranquilidad y confianza. Recordad que expulsar estas energías "alienígenas" no significa que no os importen vuestros seres queridos. Significa que estáis en casa dentro de vuestro propio espacio y, desde este hogar, que es vuestra base, entráis en relación con el mundo exterior y con otras personas.

Conectaos con vuestro chacra raíz, el centro energético en la parte inferior de vuestra columna vertebral cerca del coxis. Tomad consciencia de vuestras piernas que os conectan con la tierra. Luego, enfocad vuestra atención en vuestro chacra corona en lo más alto de vuestra cabeza. Sentid la energía de vuestra propia alma. Estáis aquí en la tierra con un conjunto específico de intenciones y objetivos. Sentid cómo el alma se enfoca en este camino particular que recorréis y cómo la energía de vuestra alma quiere fluir a través de vosotros en un eje vertical desde la coronilla hasta el coxis. Vuestra energía masculina, el caballero en vuestro corazón, os ayuda a mantener este canal abierto y limpio. El caballero protege ese espacio que necesitáis para conectaros con vosotros mismos y enfocaros en vuestros objetivos.

Inclinaos ante vosotros mismos. Sed conscientes de vuestro propio espacio.

Cuidaos y respetad vuestro propio sentido masculino de los límites.

3

LOS ORÍGENES ENERGÉTICOS DEL CANSANCIO

Jeshua habla acerca del cansancio y sus causas. La sobrecarga psicológica y la negación de sí mismo son las verdaderas causas de la fatiga, no el esfuerzo físico. Él analiza las causas energéticas detrás del tipo de fatiga que es común entre las personas sensibles y espiritualmente conscientes. Para prevenir y tratar el cansancio, es importante utilizar la energía masculina del corazón: ser fiel a los impulsos más profundos, establecer límites y atreverse a ser diferente.

Soy Jeshua, vuestro hermano y amigo.

Me gustaría hablaros sobre el cansancio. A medida que os desarrolláis espiritualmente, os volvéis más conscientes de las energías que os rodean, más sensibles y perceptivos de las energías emocionales en vosotros mismos y en los demás. Muchos de vosotros os quedáis sin energía cuando estáis "en el mundo". Os sentís cansados y exhaustos en ciertos lugares o en presencia de ciertas personas. Esta fatiga tiene orígenes energéticos de naturaleza no física. Cuando tenéis un nivel de consciencia que no coincide con la vibración energética del mundo, estar en el mundo, para vosotros, tiene costes en términos energéticos.

Cuando entráis en esta realidad, vuestra consciencia es diferente a la de la consciencia colectiva dominante. Durante mucho tiempo el miedo y los mecanismos de supervivencia basados en el poder han dominado la consciencia colectiva prevaleciente. Debido a que no encajáis en la sociedad predominante, es parte del camino de vuestra alma traer algo nuevo al mundo. Vuestra frecuencia energética está más sintonizada con el corazón y está centrada en la transición del ego al corazón. Es decir, cuando venís a esta realidad estáis enfocados en la renovación y la transformación, lo cual significa que podéis adaptaros solo parcialmente a la sociedad, a aquello que es considerado normal, pero no del todo. A menudo notáis, desde una edad temprana, que es difícil asumir los hábitos, la moral y las expectativas de vuestros padres y familia. También os dais cuenta de esta dificultad en la escuela y en el lugar de trabajo.

Al entrar en la edad adulta, muchos de vosotros os dais cuenta de que estáis recorriendo un camino diferente al de otras personas, que tendéis a hacer preguntas más profundas sobre la vida y no aceptáis respuestas fáciles o simples. Queréis saber por qué la vida es como es. Estáis interesados en el significado de todo eso y en el por qué estáis aquí. Es parte de vuestra naturaleza cuestionar e investigar esto persistentemente.

La consciencia del corazón se ha despertado en vosotros. Incluso cuando erais niños sentíais que "algo no encajaba" en el llamado mundo normal de los adultos. Las normas y los valores dictaban cómo las personas deberían comportarse, sentir y pensar, y estas normas y posturas morales, implícitamente llenas de juicios, os fueron inculcadas desde una edad temprana. Las absorbéis de forma no verbal y energética. Hay algo dentro de vosotros que se resiste a esto y una parte profunda dentro de vosotros se pregunta por qué las personas se imponen estas normas a sí mismos. ¿Por qué llevan máscaras y ocultan sus verdaderos sentimientos?

Sentís una capa emocional oculta en las personas de la cual no se atreven a hablar, porque les enseñaron a avergonzarse de ello. Sin embargo, sois extremadamente conscientes de lo que ellos reprimen y, por lo tanto, recibís información contradictoria. Por un lado, la verdad oficial, que corresponde a las normas y expectativas sociales, y, por otro lado, la verdad oculta que corresponde a las emociones que están bajo tierra, pero con las que vosotros sois capaces de sintonizar vibratoriamente. Sentís que estas vibraciones son más verdaderas que las máscaras oficiales que la gente lleva y con las cuales se presentan ante vosotros.

Al principio, poseíais un radar muy claro para estas emociones escondidas bajo tierra, pero esta habilidad a veces os metía en problemas y elegíais reprimirla; sin embargo, erais capaces de percibir la verdad. Cuando vosotros utilizabais este radar, lo seguíais y actuabais de acuerdo con él, vuestro comportamiento cambiaba y esto tenía consecuencias para vosotros. Queríais encajar, ser queridos y aceptados, tener éxito en la vida, así que reprimisteis este poder de percepción.

Cuando reprimís vuestra sensibilidad y vuestra habilidad para percibir la verdad, bajáis vuestra vibración a una frecuencia que no se corresponde con vuestra frecuencia natural. Vais en contra de vuestra propia alma y reprimís la parte más evolucionada de vosotros mismos, y esto puede hacer que os sintáis extremadamente cansados. Esta fatiga no proviene del esfuerzo físico, proviene de la autonegación.

Dentro de vosotros tenéis una sensibilidad pura y orientada hacia la verdad que anhela ser reconocida. Hay algo en vuestro centro que no encaja con esta realidad y os estoy pidiendo que permitáis que esta sensibilidad original y pura regrese. Tenéis miedo de hacerlo porque teméis ser juzgados por ello. Sin embargo, pagáis un alto precio por no permitiros sentir aquello que sabéis, y sentís que es la verdad; al hacer eso os cortáis de vuestra propia luz.

En el momento en que la luz de vuestra alma se ve frustrada, no puede fluir a través de vuestro corazón y vuestro cuerpo. Es entonces cuando perdéis vitalidad, y cuando retiráis la energía de vuestra alma. Eso causa una fatiga energética, ya no sois vosotros mismos. En cambio, estáis llenos de miedo, y la vibración del miedo es extenuante. Os perdéis en el mundo que os rodea y también os fatigáis debido a vuestras habilidades empáticas.

Como almas despiertas a nivel del corazón, tenéis una capacidad natural para sintonizaros con los sentimientos y estados de ánimo de quienes os rodean. Podéis sentir cómo se siente el otro y eso está bien. Cuando actuáis bajo el impulso de ayudar y aliviar el sufrimiento de la otra persona es cuando tomáis un camino equivocado. Querer ayudar es humano y amable, pero si os esforzáis demasiado por resolver los problemas de otra persona, os sentiréis agotados, y esto indica que algo no está bien.

Haceos esta pregunta a vosotros mismos: ¿Puede la persona cuyo sufrimiento siento, recibir mi ayuda? Y, ¿estoy yo sintonizado con lo que él o ella necesita? Podéis ser demasiado entusiastas al ofrecer ayuda cuando tal vez sea más prudente no extender la mano ni interferir. Lo que la otra persona necesita de vosotros es vuestra presencia energética, vuestra frecuencia pura y un sentido de la verdad que no esté nublado por las energías temerosas de este mundo.

Hacéis un favor a la otra persona y al mundo en general si os mantenéis fieles a vuestra esencia y no os engancháis en un sentido fuerte de responsabilidad y cuidado excesivo. Permitid a la otra persona tropezar y cometer errores. No tenéis que sentiros obligados a cargar con su dolor y sufrimiento. La función de vuestra sensibilidad no es absorber y cargar con el dolor y sufrimiento de los demás, sino más bien sostener la vibración de la verdad. No lo hacéis descendiendo a su sufrimiento, sino estableciendo límites a cuánto ayudáis.

Cuando alguien os muestra su lado oscuro de manera honesta y os revela su dolor oculto bajo su máscara oficial, este es el primer paso hacia su autoconocimiento y liberación. Vuestro papel es estar presente con la otra persona y dar la bienvenida a su lado oscuro con compasión. Eso es inmensamente distinto a intervenir y pensar que podéis aliviar o disolver su dolor por ellos.

Utilizad vuestras cualidades femeninas para conectar y empatizar junto con vuestras cualidades masculinas para permanecer en vuestro propio espacio energético. No absorbéis la energía de dolor y sufrimiento, sino que la rodeáis de una consciencia pura. Vuestra energía femenina os permite sintonizar con el otro, con el mundo que os rodea; vuestra energía masculina os ayuda a manteneros conscientes de vosotros mismos, de vuestra propia vibración y de vuestras propias necesidades.

Si lográis manteneros en vuestra energía masculina mientras interactuáis con el mundo, inmediatamente notaréis cuándo comenzáis a cansaros. Estad atentos a vosotros mismos y a las interacciones entre vosotros y las otras personas. Es entonces cuando podéis intervenir, pero también podéis retiraros cuando comencéis a sentiros cansados y alejaros de una situación o un entorno que os agota y consume. Algunas veces, os permitís permanecer en estas situaciones por miedo. Sin embargo, la luz de vuestra alma no prospera con el miedo, el deber y la culpa. Prospera con la alegría y la inspiración. Si sois extremadamente sensibles y al mismo tiempo actuáis desde la culpa, la vergüenza, el deber y la obligación, entonces la situación en la que os encontráis os agotará al máximo. No es vuestra sensibilidad en sí misma la culpable. Es la presión que os imponéis a vosotros mismos para manteneros y ayudar en determinadas situaciones. El juicio que esto conlleva es la verdadera fuente de vuestra fatiga.

Vuestro grado de sensibilidad es un logro para vuestra alma. No podéis ni tenéis que cambiarlo. Lo que sí quisierais cambiar es el grado en el que aún estáis controlados por el miedo, el miedo a dejar que vuestra luz brille y el miedo a decir "no" a la pesada carga de llevar el dolor de otros. Necesitáis corregir vuestra percepción del papel que desempeñáis al ayudar a los demás y qué significa realmente compartir vuestra luz.

Muchas doctrinas religiosas antiguas enseñaban a la gente la creencia que eran pequeños y pecadores, y que necesitaban reglas fuera de sí mismos para encontrar su camino. Estas tradiciones, que han existido por mucho tiempo, niegan por completo el poder creativo original de vuestras almas, que atrae lo que es fructífero para vosotros. Este poder creativo os pertenece. Es libre y brillante como un río de agua burbujeante y os llena de energía. Este poder no se preocupa por el control ni la coerción. Esta corriente de poder tiene una gran fuerza motriz y, a la vez, es sutilmente lúdica e intuitiva.

Vuestra alma se expresa a sí misma a través de los sentimientos de inspiración y alegría. Por eso es importante poner atención cuando sentís signos de cansancio y agotamiento, especialmente si persisten y van de la mano con una falta de placer y entusiasmo por la vida. Estos son signos que vienen de vuestra alma e indican que hay algo que estáis negando y que necesitáis abordar.

En resumen, existen dos causas de la fatiga energética: cuando os adaptáis a los otros por miedo al rechazo y cuando dais demasiado y absorbéis el sufrimiento de otra persona. En ambos casos, debéis centraros en vuestro propio núcleo, que es puro y es vuestra luz original, y utilizar vuestra energía masculina para sostener el espacio. Si os conectáis demasiado con el mundo exterior por miedo, caéis en la trampa de la energía femenina basada en el ego: actuáis desde un vacío interior y una falta de autoconsciencia. Os identificáis con el papel de ayudante o cuidador, respondéis a las expectativas externas y disminuís vuestra luz. Es entonces cuando vivís según una idea de cómo deberíais ser: dulces, complacientes y serviciales. Liberarse de este marco parece incorrecto y egoísta, pero si no lo hacéis, ya no seréis libres de jugar y crear desde vuestro corazón.

Lo que necesitáis para liberaros a vosotros mismos de esta camisa de fuerza moral, es vuestra energía masculina superior, especialmente las cualidades de valentía, perspicacia y rebeldía. Entonces, podéis desprenderos de la presión de autonegación que os imponéis. Cuanto más hagáis esto, más vitalidad sentiréis.

Otra razón por la que experimentáis fatiga energética es por la falta de paz y simplicidad, y por no pasar más tiempo en la naturaleza. Vuestra alma necesita retirarse periódicamente del mundo para procesar y recuperarse de la agitación y las intensas energías emocionales que os rodean. Estar en una atmósfera de paz y tranquilidad es muy propicio para escuchar y sentir los susurros originales de vuestra alma. Hay muchas energías pesadas, negativas y dramáticas en el mundo que os pesan, incluso si no las notáis porque os habéis acostumbrado a ellas.

La naturaleza irradia una vibración de paz y equilibrio y os pone en contacto con un ritmo de vida más natural, que se adapta mejor al flujo de vuestra alma. Las personas sensibles tienen una profunda necesidad de silencio y descanso. Si no satisfacéis esa necesidad, os sentiréis agotados y fallaréis en el cuidado de vosotros mismos.

El silencio es la cuna de la creatividad. No me refiero al silencio físico; me refiero a encontrar el espacio interior donde podéis retiraros y reflexionar sobre vuestras emociones y pensamientos. Esto es más fácil de hacer en un ambiente que sea propicio para estar en calma. El silencio os invita a bajar el ritmo, relajaros y acceder a vuestra profundidad interior. Encontrar la quietud es una inhalación para el alma. El alma se conecta con su conocimiento y percepción originales y la inspiración surge de esa conexión.

Algunas personas se sienten amenazadas por el silencio, temen crearlo para sí mismas, porque no hay distracciones que impidan que las emociones dolorosas afloren. La fatiga es una forma de no sentir nada. Las noticias, las redes sociales y una agenda apretada son formas de sobrecargarse de impresiones que os adormecen y pueden terminar provocando agotamiento.

Si realmente os dedicáis tiempo y espacio, os daréis cuenta de que tenéis que cambiar el rumbo de vuestras vidas y esto puede evocar miedo: miedo al rechazo, miedo al cambio, miedo a lastimar a otros. Pero la única forma de vivir una vida llena de vitalidad e inspiración es enfrentándoos a vuestros miedos. La paz, la tranquilidad y la simplicidad son vuestras amigas. Os ayudan a tomar consciencia de vuestra naturaleza original; son el oxígeno para vuestra alma.

La fatiga energética es el lenguaje que utiliza el alma para llamar vuestra atención acerca de algo. Permitid que sea una invitación a consultar la energía masculina de vuestro corazón y estar en contacto con lo que realmente necesitáis, lo que os trae alegría, lo que podríais dejar ir. Atreveos a vivir libremente desde vuestro corazón y vuestra alma.

4

VED CON CLARIDAD DESDE VUESTRO CORAZÓN

En el capítulo anterior, Jeshua enfatizó la importancia de crear espacio para vosotros mismos y conectar con la luz y sabiduría de vuestra alma. Al permitir que vuestra energía masculina os proteja de un exceso de impresiones externas, automáticamente comenzáis a vivir más profundamente desde la intuición y desde vuestra propia sabiduría. Desarrolláis la capacidad de ver con claridad.

En este capítulo, Jeshua habla sobre qué es la clarividencia, que no es un don sobrenatural, sino una expresión natural de la consciencia del corazón en evolución. Cuanto más dejáis de lado los miedos y juicios, más os sintonizáis con vuestra alma.

Soy Jeshua, vuestro hermano y alma gemela.

La sensibilidad, de la cual hablé en el capítulo anterior, está relacionada con la clarividencia. Ambas se desarrollan espontáneamente cuando despertáis a la consciencia basada en el corazón, pero solo pueden florecer si sois capaces de protegeros del caos, de las energías perturbadoras del mundo y de vuestra mente. Vuestra energía masculina es la espada que os protege y os permite sintonizaros con vuestra alma. Hablaré de esta sintonización; de qué es lo que os distancia de ella y de cómo reavivarla.

Desarrollar la clarividencia no es algo sobrenatural ni tampoco es un don especial que podáis tener o no. Es una habilidad que se desarrolla de forma natural cuando comenzáis a estar más sintonizados con vuestro interior, mirando dentro de vosotros y siendo conscientes de lo que hay allí.

Nacisteis en un cuerpo humano con cinco sentidos. Percibís físicamente el mundo a través de vuestros ojos, oídos, sentido del tacto y vuestra capacidad para oler y saborear. Ellos os ponen en estrecho contacto con la realidad física, terrenal. Esta es una habilidad preciosa porque la vida física os da la oportunidad de experimentar la vida en la tierra intensamente. Vosotros experimentáis placer y dolor, y como alma encarnada en un cuerpo también experimentáis una variedad de estados de ánimo, sentimientos y altibajos emocionales; el alma los considera a todos ellos valiosos.

Vuestra mente humana está llena de pensamientos. Durante vuestra infancia, vuestros padres, familia, escuela, lugar de trabajo y el mundo alrededor vuestro os transmitieron y llenaron vuestra mente de ideas y creencias. Estos pensamientos, que contienen una mezcla de juicios y percepciones, tienen una enorme influencia en cómo experimentáis la vida. Funcionan como un filtro que moldea vuestros sentimientos y emociones. Cuando absorbéis la visión del mundo de vuestros padres, algunos rastros emocionales se quedan con vosotros. Esto puede ser una carga para vosotros, porque la mayoría de las visiones del mundo están plagadas de miedo por sobrevivir, dolor, carencia y muerte. El miedo al rechazo es fuerte. Los padres transmiten esto sin esfuerzo y de manera inconsciente a sus hijos, incluso si no tienen la intención de hacerlo.

Lo que os describí acerca del ser humano es la capa exterior de lo que sois. Vuestros sentidos se originan en el cuerpo y las ideas y creencias surgen desde fuera de vosotros. La forma en que reaccionáis a la formación de vuestro mundo emocional es algo que parcialmente escapa a esa capa exterior. Cada niño es diferente y tiene una forma única de responder al mundo. El mundo interior del niño no está determinado causalmente por lo que él o ella ha absorbido del mundo exterior.

Cuando entráis en la vida terrenal, vuestra alma es receptiva a todo lo que experimenta durante los primeros años de la infancia.

Pero, desde el principio, hay una llama interior allí, una presencia que es independiente de esta capa exterior que os separa del entorno. La clarividencia pura es la capacidad de crear y mantener el contacto con esa llama interior. Este aspecto de vosotros mismos, este núcleo, siempre ha estado ahí, incluso antes de esta vida en la tierra. Vosotros respondéis de una manera original al mundo que os rodea, a lo que se presenta en vuestra vida actual, gracias al núcleo de vuestra alma. La forma en la que reaccionáis desde ese núcleo original, desde la llama de la consciencia de vuestra alma, dice algo sobre vuestro camino de vida, sobre lo que vuestra alma pretende hacer y experimentar aquí.

Es tremendamente importante que permanezcáis conectados con esta parte interna de vosotros mismos, porque eso le da sentido a todo lo que hacéis y experimentáis. También le da dirección a vuestras vidas cuando las cosas no resultan como queríais o de acuerdo a vuestras expectativas, o bien como el mundo exterior esperaba que fueran.

El conocimiento de vuestra alma está contenido en esa llama interna y tiene su propia lógica. Estar en sintonía con esta lógica es esencial para vuestra felicidad, una felicidad que está ahí de una manera alegre y profunda. No es algo superficial. La felicidad en este sentido significa estar en armonía con quienes sois y con lo que vinisteis a hacer en esta vida. Esto difiere bastante del tipo de imágenes y expectativas que el mundo exterior os presenta como felicidad.

La clarividencia es una sintonía con el alma, con la lógica interna del alma. Cuando estéis sintonizados con el alma, ella os mostrará cómo seguir vuestro camino de vida. También es posible que sintonicéis con el alma de otra persona. Si sentís y veis desde el corazón, podéis percibir cosas que se relacionan con vosotros mismos y con los demás.

Entonces, ¿qué es exactamente la clarividencia pura, esta habilidad de ver intuitivamente desde el corazón? La clarividencia se manifiesta cuando os conectáis con vuestra llama interior, vuestro núcleo, y observáis una situación con una mente abierta y un corazón tranquilo. Esto no implica utilizar nociones preconcebidas sobre cómo deberían ser las cosas, por ejemplo, juicios, expectativas o deseos. Significa observar sin ningún pensamiento o emoción. La clarividencia pura o la intuición brotan de un espacio silencioso, pues allí se produce la sintonía con el alma. No pueden florecer donde hay pensamientos excesivos, puntos de vista rígidos o emociones fuertes.

Considerad esto: si tenéis un deseo ferviente por algo, podéis caer en pensamientos ilusorios para lograrlo. Os decís a vosotros mismos que ciertas cosas están destinadas a suceder y que podéis ver intuitivamente el futuro. En verdad, veis un futuro que queréis tener y este poderoso deseo os influye a vosotros y a vuestra percepción de las cosas. ¡Será mejor que estéis en guardia respecto a esta influencia!

Cuando percibís una poderosa emoción o expectativa dentro de vosotros, es mejor que os enfoquéis interiormente en la emoción en sí misma y os preguntéis si hay algún miedo subyacente conectado con eso. Es más provechoso centrarse en esto que en lo que pueda o no pueda suceder. Es más importante para vuestro crecimiento interior descubrir por qué estáis bajo el control de una emoción en particular en lugar de conocer el futuro (que en realidad no podéis conocer).

La clarividencia que fluye desde el corazón no es una herramienta para predecir el futuro. Ese no es su propósito. En primer lugar, el futuro no es fijo. La vida no consiste en saber qué eventos ocurrirán o no ocurrirán. Hay una serie de posibilidades y caminos disponibles que podéis tomar. La vida consiste en desarrollaros a nivel interno. Vosotros atraéis automáticamente situaciones o experiencias que están en armonía con el camino de vida que vuestra alma quiere recorrer. El alma quiere pasar por ciertas experiencias y beneficiarse de una comprensión profunda de ellas. El alma no quiere evitar las experiencias negativas per se y experimentar solo las positivas. ¡No! El alma quiere experimentar conscientemente ambas y de ese modo profundizar su comprensión y sabiduría. El alma crece y evoluciona a partir de este tipo de experiencias de aprendizaje y, cuando lo hace, vosotros comenzáis naturalmente a atraer más experiencias positivas a vuestras vidas. La alegría es natural para el alma.

Tal como dije antes, la clarividencia es una habilidad natural que está dentro de todos los seres humanos, pero requiere estar en sintonía con vuestro Ser, con vuestro núcleo interior, con vuestro corazón. Lo que se interpone en el camino de la conexión con la clarividencia son vuestros pensamientos y emociones. Los pensamientos y las emociones no son malos ni incorrectos, pero muchas veces no están alineados con vuestro núcleo interior. Pueden ser inquietos e inestables. Con el fin de percibir las cosas claramente, tenéis que saber cómo sosegaros a vosotros mismos y conectar con la quietud.

Os invito ahora a descender a vuestro centro, donde habita vuestra llama interior. Dejad ir vuestros pensamientos, los picos y los valles de vuestras emociones. Dejadlos ir a la periferia de lo que sois. Después de todo, ese es el lugar al que pertenecen. Los pensamientos y las emociones son parte de vuestra consciencia humana. Permitidles estar allí. Pero ahora mismo, estáis yendo dentro de vuestro centro de conocimiento interior. Alejad vuestra atención de vuestros pensamientos. Dejadlos ir. Tomad consciencia de vuestra respiración y respirad profundamente desde vuestro abdomen. Imaginad que, con cada respiración, vuestras emociones y preocupaciones reciben aire y espacio. Dejad ir vuestros miedos por un momento y sed libres. Recordad, sois libres.

En el momento en que vais con vuestra atención hacia vuestro interior y tomáis consciencia de vuestra respiración, podéis sentir que se abre un espacio en vuestro corazón. Imaginad que en este espacio hay un templo o un hermoso lugar en la naturaleza. Es un espacio silencioso. Podéis sentir el suave susurro del viento o escuchar el murmullo de un arroyo, tiernos sonidos que os llevan más dentro de vosotros mismos. Alejaos del ruido de vuestros propios pensamientos y de las aguas turbulentas de vuestras emociones. Experimentad el poder del silencio. Aquel lugar al que os retiráis en vuestro corazón es tranquilo en un sentido dulce y acogedor.

Descansad en ese hermoso lugar. Recordad cuán rica es vuestra alma, cuánto ya sabéis y habéis experimentado. No necesitáis alimentaros permanentemente de ideas, opiniones y creencias externas que escucháis o leéis en los periódicos o los medios de comunicación. Quedaos en silencio. Conectad con vuestro conocimiento intuitivo, que viene desde dentro. Vuestro corazón y vuestra alma han evolucionado a lo largo de muchas vidas. Habéis pasado por experiencias profundas. La llama interior de vuestro corazón os conecta con un todo mucho mayor, que trasciende lo terrenal.

Tenéis guías, tenéis una familia del alma. Ellos os conectan con las fuentes de sabiduría que trascienden vuestra mente humana y continuamente os brindan ayuda y asistencia. Sentid la luz y la dulzura de estas fuentes. Hay seres de luz, que podéis llamarlos guías, maestros o amigos, que están ahí para vosotros en el plano interior. Nunca estáis solos. Aunque os podáis sentir físicamente solos, hay ayuda espiritual a vuestro lado en los momentos en los que experimentáis la oscuridad más profunda.

Creéis que solo las personas con un don especial pueden ver o comunicarse con estos seres de luz, que os ofrecen ayuda y guía. Eso no es verdad. Cada uno de vosotros puede hacerlo a su propia manera. Volverse hacia el interior y reconectarse con la quietud os abre a otras dimensiones del ser, a vuestro propio conocimiento interior. Es una habilidad natural que todos poseéis. Cuanto más lo deseéis y estéis preparados para adentraros en las profundidades de vuestro propio ser, más fácil os resultará. No necesitáis ningún don especial. Sois, ante todo, un alma. La realidad del alma es vuestra. Es vuestra realidad.

Una vez más, tomad consciencia del espacio silencioso de vuestro corazón, y quedaos en ese hermoso templo o en ese lugar sosegado de la naturaleza, y ¡mirad! ¡Alguien viene hacia vosotros! Es un ser radiante, un guía o un ángel que os sonríe cálidamente. El ser que irradia bondad y alegría se acerca y os saluda. Lo reconocéis a él o a ella. Algo en su apariencia toca vuestro corazón e ilumina vuestro espíritu. Simplemente experimentad la presencia amorosa de este guía. Sentid como su resplandor fluye hacia vuestro corazón. Sentid como percibís esto de manera intuitiva, no con vuestros sentidos terrenales, ni con vuestros pensamientos, sino desde un corazón abierto que percibe con pureza y sin expectativas.

Ahora, el guía o ángel se sienta a vuestro lado y pone su mano sobre vuestro corazón, ya sea en vuestra espalda o en vuestro pecho. Observad lo que ocurre. ¿Qué sentís cuando esa mano toca vuestro corazón? Permitidlo, percibidlo: alegría, pena, alivio, sea lo que sea. El guía que está con vosotros quiere haceros conscientes de algo. ¿Qué es? ¿Qué os recuerda este guía? Sentidlo, percibidlo. Manteneos tranquilos y en silencio, y absorbed el mensaje que vuestro guía tiene para vosotros. Puede venir en forma de palabra, imagen o sentimiento. Dejad que fluya dentro de vosotros, de corazón a corazón, y absorbed la energía de este mensaje, que contiene verdad y sabiduría.

Cuando miráis a este guía a los ojos y decís adiós, una vez más comenzáis a ser conscientes del profundo silencio dentro de vuestro corazón. Sentid vuestro cuerpo y la tierra debajo de vosotros. Conscientemente permitid que la energía de la Madre Tierra fluya hacia vuestros pies y vuestras piernas. Os sentís arraigados y estáis de nuevo en el aquí y ahora.

Cuando captáis las cosas con vuestra intuición, se produce un movimiento interno que va desde el exterior hacia el interior, desde la agitación emocional habitual hacia la calma central. Esa es la clave para ver con claridad desde el corazón. Hay una diferencia entre usar vuestra intuición (es decir, ver con claridad desde el corazón) y ser psíquicamente conscientes de las energías que os rodean. ¿Qué quiero decir con esto?

En vuestra vida cotidiana, las energías del colectivo humano compuesto por creencias comunes, prejuicios, miedos y emociones os rodean constantemente. Esta atmósfera colectiva es como un campo de energía que rodea la tierra: un campo colectivo de pensamientos, creencias y emociones humanas. Este campo os abraza y afecta como puede hacerlo el clima. Afecta vuestros estados de ánimo y pensamientos. No es neutral, al contrario, está lleno de miedos y juicios.

Cuando las personas hacen predicciones psíquicas o creen recibir impresiones clarividentes, bien puede ser que sean psíquicas, pero cuando simplemente están "captando" imágenes, pensamientos temerosos o emociones fuertes de este campo colectivo, lo que perciben no se basa en la verdad o la claridad. Lo que sintonizan son energías astrales hambrientas y basadas en el miedo, que pueden pertenecer a personas fallecidas que permanecen en esta atmósfera cercana a la Tierra después de morir.

La dimensión astral (no física, energética) alrededor de la Tierra no es creada y alimentada únicamente por los pensamientos y sentimientos de las personas que están en la Tierra. Las almas que han cruzado al otro lado están activamente presentes en este campo astral. Todavía se aferran a la realidad terrenal y deambulan por esa dimensión porque no han encontrado una manera de liberarse a sí mismos. Son almas atadas a la Tierra. Una persona puede tener un contacto clarividente con el campo astral, pero la información puede ser engañosa, basada en el miedo o el juicio, aunque pueda parecer amorosa y sabia en la superficie. Hay un poder sutil o una energía manipuladora presente allí.

La densidad y la pesadez del campo astral que rodea la Tierra difieren mucho de la sabiduría de vuestra alma. Puede que no os deis cuenta de que estas energías astrales pueden manipularos e incluso podéis quedar atrapados en estas formas de pensamiento y, de hecho, lo hacéis. Estas energías pueden ser seductoras y es fácil dejarse llevar por las historias abrumadoras del bien y el mal y la "batalla entre la luz y la oscuridad". El plano astral se alimenta de la dualidad y el drama emocional.

¿Cómo podéis distinguir entre la información que es pura y está basada en el corazón y la información que está basada en el miedo o el poder? Vuestro corazón es la clave. El corazón es el espacio de la sabiduría. Para estar en ese espacio del corazón, necesitáis aquietaros, liberaros de la agitación emocional y las creencias limitantes. Por eso necesitáis conoceros a vosotros mismos, conocer vuestra propia sombra (dolor, miedo), antes de poder abriros a la verdad.

A medida que os familiarizáis con la consciencia basada en el corazón, comenzáis a sentir claramente qué mensajes provienen de la alegría y la verdad (mensajes intuitivos), y cuáles no son verdaderamente intuitivos y provienen de una ilusión, del miedo y el deseo. Siempre sintonizad con la carga emocional o la corriente que subyace a cualquier mensaje psíquico. Nunca pongáis la autoridad fuera de vosotros. Confiad en vosotros mismos y recordad que hay un espacio sagrado dentro de vuestro corazón, una llama interior, que puede elevaros por encima del plano astral, lejos de la consciencia colectiva. Os conecta con la sabiduría universal, con la verdad, con el hogar de vuestra alma y desde allí, vosotros veis con total claridad.

PARTE 2

EL HOMBRE PROHIBIDO HABLA

5

MASCULINIDAD Y FEMINIDAD: BAILARINES ENJAULADOS

Los próximos cinco capítulos son un diálogo entre Jeshua y yo, una conversación que comenzó después de la publicación de mi libro *La Mujer Prohibida Habla*, porque recibí muchísimas respuestas de hombres que habían reconocido sus propias heridas internas al leer el libro. Me di cuenta de que la historia de la mujer herida y desempoderada tenía que complementarse con una narración de cómo los hombres también habían sido heridos.

En el siguiente diálogo, que consiste en una sesión de preguntas y respuestas con Jeshua, él aborda las diferencias entre la energía masculina y femenina, las heridas del hombre, cómo reconocerlas y sanarlas, y la relevancia de la energía masculina basada en el corazón para ambos, hombres *y* mujeres.

Mis preguntas a Jeshua están en cursiva.

Jeshua, ¿qué te gustaría decirnos sobre la energía masculina, el hombre prohibido, el hombre herido?

En la creación en su conjunto, existe una energía natural que vosotros llamáis masculina, precisamente como hay una energía natural que vosotros llamáis femenina. Sois conscientes de que la energía masculina existe en vuestra realidad, pero la verdadera masculinidad existe independientemente de lo que la gente piensa acerca de ella y de cómo las personas la encasillan, así como de las definiciones que se le dan. Como alma, cada ser humano es una mezcla de masculino y femenino, dos en uno. El sexo físico de una persona sólo determina parcialmente su carácter y personalidad únicos.

La definición tradicional de masculinidad es unilateral y limitante. Implica que los hombres deben restringir su autoexpresión emocional, lo cual, a su vez, les dificulta a ellos la conexión con su alma. Esta visión unidimensional de la masculinidad que ha dominado gran parte de vuestra historia tiene sus raíces en una consciencia basada en el miedo y la necesidad de poder. Esta forma de energía masculina era utilizada para controlar y conquistar la vida. La energía femenina se consideraba como el lado caótico, impredecible y emocional del ser humano, el cual debía ser controlado. Internamente, los hombres se veían obligados a controlar sus emociones y, externamente, las mujeres eran relegadas a una posición de segunda clase en la sociedad.

¿Estás diciendo que, en primer lugar, el alma no es masculina ni femenina, sino que está compuesta de ambas energías, y, en segundo lugar, que la definición tradicional de masculinidad con la que los hombres han tenido que vivir los ha herido emocionalmente y ha creado una dicotomía distorsionada entre hombres y mujeres?

Efectivamente, pero primero hablaré sobre el alma y cómo ella abarca ambos polos, el masculino y el femenino, y al mismo tiempo los trasciende. Luego, abordaré las heridas emocionales de los hombres.

En su núcleo más profundo, el alma es consciencia pura, única e individual. El alma tiene la poderosa capacidad de crear, porque está imbuida de algo completamente nuevo. Por ejemplo, cuando vosotros hacéis pan, tenéis una nueva hogaza cada vez, que está hecha de acuerdo con una receta estándar y una lista fija de ingredientes. Es una copia de otras hogazas que hicisteis antes. Pero a diferencia de la elaboración del pan, cuando el alma es creada, tiene dentro de ella una chispa única que es irreductiblemente original. Esta chispa no proviene de una lista recopilada y fija de "partes básicas". El alma es individual. Es independiente, autónoma y tiene su propio tono y color originales. Se sostiene por sí misma.

Es un milagro.

El alma es creativa y, como tal, es libre de crear por sí misma. Esta chispa divina individual dentro de vosotros tiene una consciencia que toma decisiones basadas en sus propias experiencias. La existencia misma del alma es un gran milagro. Es el acto creativo supremo de Dios: la creación de un ser libre, autónomo, único y que es capaz de crear tal como Dios crea. Vuestra alma emergió a partir de este amor y confianza. Así como la tierra da a luz a la vida y la madre da a luz a un niño, así el alma es arrojada al mundo con la confianza de que la semilla que hay en su interior brotará, florecerá y dará lugar a una nueva consciencia que enriquecerá a toda la creación.

Debido a la chispa única que hay en cada alma, las descripciones genéricas nunca pueden capturar la esencia del alma de una persona. Las teorías psicológicas pueden explicar el comportamiento humano, algunas de las cuales definen tipos de carácter y temperamentos distintivos, pero la individualidad profunda de una persona sigue siendo un misterio divino.

Si aceptáis que este misterio existe y reconocéis lo profundo que es, os dais cuenta de que definiros a vosotros mismos como hombre o mujer es limitante. Existen energías arquetípicas universales como hombre/mujer, joven/viejo, activo/pasivo, introvertido/extrovertido. Pero quienes realmente sois no se puede definir combinando una lista limitada de características biológicas y psicológicas, incluso si utilizáis sistemas de creencias complejos como la astrología, el Eneagrama o la teoría de la personalidad. Todos ellos pueden proporcionar información valiosa que puede ayudaros a entenderos mejor, pero lo que principalmente explican es cómo estáis condicionados a nivel de la personalidad y cómo ciertos mecanismos de supervivencia hacen que actuéis de una manera particular, debido a que ellos tienen un dominio sobre vosotros. Vuestro núcleo único es divino e indeterminado. Darse cuenta de esto es de inmensa importancia.

Cuando os dais cuenta de que sois como Dios, libres y creativos, os percibís a vosotros mismos de manera diferente. Aunque tengáis un cuerpo masculino o femenino y hayáis sido influenciados por definiciones de lo que constituye la masculinidad y la feminidad, estas características biológicas y psicológicas nunca pueden capturar quiénes realmente sois.

Para volver a conectar con vuestra esencia única, debéis dejar ir todas estas definiciones limitantes y aceptar el milagro que sois. Sois creadores. No existe ninguna ley fuera de vosotros que pueda determinar lo que podéis hacer o lo que haréis. Cuando entendáis que sois libres de crear, también entenderéis cuán opresivo es el condicionamiento social que os ha sido impuesto como hombre o mujer. Este condicionamiento nace del miedo y la ignorancia, y os niega vuestra libertad e individualidad.

Empezaste diciendo que se produce una distorsión del alma cuando las definiciones de masculinidad se basan en el miedo y la necesidad de control. ¿Podrías explicar qué quieres decir con esto y cuál sería una definición más precisa de masculinidad?

Me gustaría expandir la idea o definición de la energía masculina y aclarar su significado y propósito original en la Creación en general. La mayoría de los hombres perdieron contacto con sus almas cuando intentaron adaptarse a las falsas expectativas acerca de la masculinidad. Las definiciones e imágenes existentes de la masculinidad son lugares comunes y se han impuesto a la consciencia masculina durante siglos. Los hombres se sintieron atrapados por ellas y lucharon con sus propias expectativas autoimpuestas de tener que ser perfectos y cumplir con ellas a costa de su propio bienestar. Existe una gran necesidad de reflexionar sobre lo que constituye la verdadera masculinidad.

Con este fin, me gustaría distinguir entre las dos formas o niveles de masculinidad y feminidad. Desde este marco más amplio y estratificado, aclararé cómo redefinir la masculinidad o la feminidad, elevarla al nivel del alma y, de ese modo, podréis liberaros a vosotros mismos de la camisa de fuerza que os aprisiona.

A las dos formas de masculinidad las llamo la original y la destructiva. Del mismo modo, existe la feminidad original y la destructiva. La energía masculina y femenina originales emanan del nivel del alma, del corazón. En este nivel, las energías masculina y femenina son dos caras del Uno; orgánicamente conectadas, funcionando en estrecha coherencia la una con la otra. Dios es masculino y femenino al mismo tiempo.

La energía masculina original puede enfocar, desconectar y también crear fragmentación, en otras palabras: pluralidad y diversidad. El mundo material nació desde el Uno debido a este mismo poder exacto de enfocar y desconectar. La energía masculina es responsable de crear diversidad e individualidad. El Uno se fragmentó en una multitud de formas separadas en el tiempo y el espacio.

Al principio, cuando la consciencia no se encontraba en estado de concentración, no se experimentaba a sí misma como separada del todo (el Uno), era expansiva, oceánica y lo abarcaba todo. Este es el aspecto femenino de la Creación. En un extremo del espectro divino, está lo indeterminado, lo no individualizado, el campo indiferenciado de la Unidad que lo conecta todo. No hay líneas divisorias. Hay unidad, pero también inmovilidad, falta de movimiento. Este es el aspecto femenino de la creación.

La energía masculina rompe la Unidad y la consciencia comienza a individualizarse en algún punto del espacio, como un océano que se divide en gotas separadas. Así es como el alma, vuestra alma individual, nace. Sois una mezcla de Unidad y Separación, de lo femenino y lo masculino. Nacisteis de esta Unidad, del vientre del Océano, y os convertisteis en una gotita con una consciencia propia, un inalienable y único yo.

En este movimiento hacia la individuación, es decir, nacer como alma individual, podría parecer inicialmente que se rompió la conexión con el Todo. Repentinamente sois expulsados del útero y la separación *duele*. La experiencia del nacimiento es tan abrumadora para el recién nacido, que pierde toda conexión con el Uno, el Océano, la Madre. La conexión sigue allí, igual como la gota sigue perteneciendo al océano, pero el alma joven siente el dolor de la separación.

Esto es aquello de lo que hablaste en el capítulo uno y a lo que llamas el dolor cósmico del parto en el libro The Jeshua Channelings (Las Canalizaciones de Jeshua). *El dolor cósmico del nacimiento es el dolor o trauma de abandonar la Unidad, la pérdida de la protección primordial que nos hacía sentir seguros.*

Sí. El propósito evolutivo del alma es llegar a aceptar y trascender este dolor del nacimiento. Cuando se logra esta trascendencia, una sensación de libertad surge dentro de vosotros, debido a que habéis integrado los aspectos masculinos y femeninos de la creación. Seréis conscientes de la Unidad en todo y, al mismo tiempo, os sentiréis en casa con vosotros mismos como un ser único y autónomo. En el alma madura, las energías masculina y femenina originales están equilibradas y trabajan juntas de manera creativa.

¿Las energías masculina y femenina fueron originalmente energías polares que juntas permitieron la creación de la consciencia individual?

Sí, con el énfasis en "juntas", o mejor aún, "inextricablemente vinculadas". Son polares como se ve en el símbolo del yin-yang: no pueden existir independientemente una de la otra. La danza de lo masculino y lo femenino es creativa y el propósito de la danza es experimentar la alegría de crear, igual como el propósito de crear no es un medio para un fin: es el fin. Dios no está fuera de la creación. Dios está en la creación y dentro de vosotros. Creéis que Dios existe en algún lugar fuera de la creación, como un ser estático que controla o manipula todo desde la distancia y que podría dirigir o cambiar las cosas que ocurren alrededor para reducir el sufrimiento o cambiar a las personas.

La imagen de Dios fuera de la creación parece un testimonio de la fantasía masculina, la cual ve a Dios como quien dicta las reglas, omnipotente y controlador, frente a una creación pasiva y pecadora. Esta imagen también transmite una especie de arbitrariedad: Dios creó el mundo por razones poco claras. Él es perfecto y creó la imperfección, el sufrimiento, la confusión, la guerra, la violencia. ¿Por qué? ¿Por qué Dios necesita esa creación?

La única manera de que la creación tenga un verdadero significado para vosotros es que soltéis la imagen de Dios como un gobernante paternalista e omnipotente. Si hacéis esto, seréis libres de las nociones dañinas sobre el pecado y la culpa, a las que estáis atados. Quiero señalar especialmente la importancia de comprender cómo las energías masculina y femenina fueron originalmente Una, porque esto tiene una enorme influencia en (1) cómo imagináis a Dios, (2) entenderos a vosotros mismos como almas que lleváis ambas energías dentro vuestro y (3) cómo funcionáis como hombre o mujer.

¿Podrías aclarar nuevamente lo que quieres decir cuando hablas de la unidad original y luego explicar estos tres puntos? No se trata literalmente de una unidad, porque lo masculino y lo femenino son energías diferentes. Pero al mismo tiempo, estas energías no son independientes entre sí. Son diferentes, incluso polares, pero no autónomas.

Imaginad vuestra alma como una bailarina y a la creación como una danza. Imaginad a Dios como una danza. Una danza no es estática, es un todo dinámico. Ahora, imaginad que la danza es el nivel más esencial de la existencia. Podéis distinguir los aspectos o componentes de la danza, pero solo adquieren sentido dentro de la danza misma. Separados, están vacíos y muertos. Esto se aplica también de manera comparable a los elementos de la masculinidad y la feminidad. Sin la interacción entre ambos no son nada, no pueden funcionar, ni siquiera existir como elementos independientes.

La masculinidad, en el sentido de cómo es capaz de enfocarse y separarse, solo tiene sentido en el trasfondo de la feminidad oceánica que conecta todo. Aplicado a los seres humanos, una vez que el alma madura se da cuenta de que es única y libre y, por lo tanto, íntimamente conectada con el todo uniendo lo masculino y lo femenino dentro de sí misma, entonces el ser humano puede por fin crear conscientemente. Entonces la danza del alma que habita un cuerpo humano se vuelve creativa, original y alegre.

Cuando hablas de la unidad masculina y femenina, ¿te refieres a la cooperación natural y orgánica de las energías complementarias, tal como se representa bellamente en el símbolo del yin-yang?

Exactamente. El yin y el yang tienen que ver con la complementariedad natural, con el ritmo, como en las estaciones, como en el nacimiento y la muerte. La dualidad, por otra parte, es una construcción falsa, una imagen mecanicista pegada sobre la realidad. El mundo no es una máquina ensamblada por un mecánico que acopla un montón de partes individuales.

Es importante darse cuenta de que las energías masculina y femenina originales son Una en este sentido orgánico y complementario, porque, como dices, esto tiene enormes consecuencias en cómo percibimos nuestra imagen de Dios, cómo nos entendemos a nosotros mismos como un alma que lleva ambos aspectos dentro de sí y, finalmente, cómo funcionamos como hombre o como mujer. Si entendemos esto, entonces podremos distinguir, por un lado, entre la masculinidad y la feminidad originales y, por el otro, la feminidad y masculinidad destructivas.

Es extremadamente importante hacer esta distinción, porque las ideas falsas de lo que constituye lo masculino y lo femenino influyen profundamente en las acciones que las personas llevan a cabo y pueden crear un enorme dolor existencial. Vosotros difícilmente podéis subestimar esta influencia.

Las energías masculina y femenina no existen por sí solas; solo funcionan cuando están orgánicamente conectadas en el mundo creado, por ejemplo, en los humanos. ¿Qué significa esto en la forma en cómo imaginamos a Dios?

Que Dios no es un hombre, que Dios no está fuera de la creación y que Dios no es un director que articula la danza de la creación.

Dios es a la vez masculino y femenino, está presente dentro de la creación y "danza con nosotros". ¿Podrías parafrasearlo de esa forma?

Sí. Eso también significa que Dios está dentro de vosotros y que ambas energías originales, la masculina y la femenina, también están presentes dentro de vosotros. Vuestra alma está viviendo la danza de la evolución, se ha manifestado en la materia y está descubriendo su propio poder creativo como chispa individual.

Lo entiendo. Entonces ¿es un error pensar que, como hombre, estás compuesto de energía masculina y, como mujer, de energía femenina?

Efectivamente, el cuerpo masculino o femenino te moldea, pero sobre todo te moldean las influencias ambientales como los padres, la educación, la sociedad. Si eliminarais esas influencias sociales limitantes, seguiríais teniendo un cuerpo masculino o femenino, lo que seguramente afectaría a vuestros pensamientos y emociones, pero os afectaría mucho menos si no tuvierais todas esas restricciones a vuestro alrededor. Y podríais sentir la diferencia. Si los niños y las niñas fueran educados de una manera más neutral, el género en sí no sería una influencia tan fuerte en vuestro desarrollo, especialmente en lo que respecta a vuestra imagen personal. Estáis más o menos aterrorizados por imágenes y definiciones de feminidad y masculinidad que os hacen sentir extremadamente normativos y vienen con juicios de valor que no tienen sentido lógico cuando se proyectan sobre la realidad biológica del cuerpo.

¿Cuál sería la diferencia entre hombres y mujeres si se eliminaran esas influencias ambientales, si hubiera una educación neutral en cuanto al género?

La singularidad dentro de cada persona tendría mucho más espacio para prosperar. Esto sería evidente en la forma en cómo os ve la sociedad. Estaríais menos definidos por vuestro cuerpo, que es, por supuesto, lo que debería ser. Es extraño que como persona, humano y alma, la sociedad os defina por vuestro cuerpo, vuestro género. Este juicio pone todo patas arriba. Es el resultado de una visión simplista y materialista del mundo que considera la realidad física como lo único real y todo lo demás, especialmente vuestra vida emocional y vuestra consciencia, como "subjetivo" y, por lo tanto, menos real o relevante.

La verdad es que toda la materia física, todo lo que veis y percibís con vuestros ojos y otros sentidos, tiene su origen en algo más allá de lo material. Podéis llamarlo algo "espiritual", o "Dios", o el "alma", o lo "Innombrable". El hecho es que todo lo que existe en el espacio y el tiempo, por ejemplo, vuestro cuerpo mortal y el mundo que os rodea, emanan de una fuente creativa que está fuera del tiempo y el espacio, fuera de esta realidad tridimensional. Vuestro verdadero yo ES esta fuente.

Todo lo que percibís con vuestros sentidos físicos es una fracción de una realidad mucho mayor. Si consideráis que esta fracción temporal es lo único que existe y os veis a vosotros mismos como un cuerpo mortal con características masculinas o femeninas, y basáis toda vuestra identidad en eso, empobrecéis enormemente vuestra vida. Ignoráis la compleja realidad interior que existe dentro de vosotros y mal entendéis la infinita profundidad de quienes sois como alma, una chispa divina que puede revestirse a sí misma en todo tipo de formas, cuerpos e identidades.

Si los niños fueran educados de una manera más neutral en cuanto al género, la sexualidad dejaría de ser un tabú. Eso no significa necesariamente que "todo pueda ser aceptado", pero sí significa que la sexualidad ya no sería tildada de baja y pecaminosa, como si la necesidad de ella fuera algo de lo cual avergonzarse. Los hombres y las mujeres han comenzado a alienarse de su naturaleza sexual de una manera antinatural. La sexualidad era considerada a lo sumo, como un mal necesario por muchas religiones y a las personas atrapadas en estos sistemas de creencias se les prohibía explorar sus sensaciones sexuales de una manera alegre y abierta.

En realidad, la sexualidad puede potencialmente abrir un espacio para el amor, la intimidad y el placer, que permite a las personas conectarse muy profundamente. En una sociedad madura, la sexualidad sería entendida como una expresión de amor entre personas que utilizan sus cuerpos como canales. La reproducción se consideraría una opción, como un resultado de la sexualidad, pero no lo más esencial. La sexualidad se consideraría principalmente como la unión, no de dos cuerpos, sino de dos almas. Se prestaría menos atención al exterior y más al interior. Entonces, el cuerpo se consideraría como una extensión o una emanación del alma, el alma que danza en la materia. El alma se reconocería como lo más esencial.

La diferencia entre hombre y mujer se vuelve entonces menos dominante. Cada persona tiene cualidades masculinas y femeninas. Cada ser humano es un alma en su esencia.

Sí, por supuesto. Sería mejor desvincularse de cualquier etiqueta cuando se hace referencia a la masculinidad y la feminidad.

Pero tú acabas de hablar en un sentido más universal y metafísico de lo masculino como el foco unidireccional que hace posible la individualidad y de lo femenino como la unidad oceánica que lo conecta todo.

Sin duda. El día y la noche son reales, como lo son la salud y la enfermedad, la juventud y la vejez. Estas polaridades existen. La cuestión es que vuestra identidad no dependa de ellas. No creáis que tenéis que comportaros de una determinada manera porque sois hombre, o que no podéis ser de otra manera porque sois mujer. Ese tipo de pensamiento bloquea el flujo de vuestra alma. Vuestra alma tiene aspectos masculinos y femeninos y necesita de ambos para expresarse a sí misma plenamente.

Ahora llegamos al tercer punto. Repetiré lo que resumí antes. Es importante darse cuenta de que la energía masculina y femenina originales están inextricablemente vinculadas, porque esto tiene enormes consecuencias en cómo imaginamos a Dios, cómo nos entendemos a nosotros mismos como un alma que lleva ambos aspectos y, finalmente, cómo funcionamos como hombre o mujer. Si entendemos esto, entonces podemos distinguir, por un lado, entre la masculinidad y la feminidad originales, y por el otro, la feminidad y la masculinidad destructivas basadas en el ego. ¿Puedes desarrollar más el tercer punto, que es cómo funcionamos como hombre o mujer?

Lo haré, pero voy a dedicarle un capítulo aparte. El próximo capítulo tratará sobre cómo funcionáis como hombre o mujer en la actualidad. Me centraré especialmente en cómo los hombres son heridos como resultado de las expectativas y prescripciones restrictivas que se les imponen.

Este es un problema global.

En el siguiente capítulo distinguiré, por un lado, entre la masculinidad y la feminidad originales o basadas en el corazón, y, por otro, la masculinidad y la feminidad basadas en el ego.

6

EL HOMBRE HERIDO

En este capítulo tratas sobre cómo el hombre se pierde a sí mismo, pierde su alma y su libertad de ser un individuo, a causa del concepto limitante de masculinidad.

El propósito de este capítulo es distinguir la grave distorsión que existe dentro de la psique de los hombres y las mujeres. Los hombres que no son conscientes y que no pueden incorporar el aspecto femenino de sus almas, quedan atrapados en una comprensión unilateral y empobrecida de sí mismos. Y las mujeres que no abrazan su propia energía masculina se debilitan y no pueden dirigir adecuadamente sus propias vidas.

¿Qué le sucede a un hombre que gradualmente reprime su propia energía femenina?

Los hombres reprimen sus emociones porque revelarlas indicaría debilidad. Las emociones os hacen vulnerables. Cuando una emoción os invade y os sacude, podéis sentiros desnudos y fuera de control por un período de tiempo, pero ser conmovido de esta manera es la esencia de ser un humano. Si bloqueáis vuestras emociones y no os permitís a vosotros mismos sentirlas, os resistís al flujo de la vida. Para vivir, debéis sentir vuestras emociones. Va todo junto..

Cuando permitís que vuestras emociones fluyan, crecéis, sois más conscientes de lo que está vivo dentro de vosotros: vuestros pensamientos, sentimientos, juicios y deseos. Si reprimís vuestra capacidad natural humana de ser conmovidos y afectados por vuestras emociones, estáis interrumpiendo el flujo de vuestra vida y eso afecta al crecimiento de vuestra consciencia. Vuestra mente pierde flexibilidad y se vuelve rígida, buscáis seguridad y control, vuestra capacidad de llorar y reír con exuberancia también se pierde, y os volvéis emocionalmente adormecidos.

¿Es el adormecimiento emocional, es decir, estar desconectado de tus sentimientos, la esencia de la herida masculina?

El adormecimiento emocional es otra forma de decir que estáis desconectados de vuestro corazón. Cuando se os ha prohibido sentir vuestras emociones, perdéis el contacto con vuestra alma. El corazón es la puerta de entrada al alma y la herida energética en los hombres se encuentra en la zona del corazón.

Mencionaste que ambos sexos se ven negativamente afectados por el condicionamiento social y por la negación de la unidad original de la energía masculina y femenina en cada ser humano. ¿Cómo se debilita una mujer al no utilizar su energía masculina?

Cuando las mujeres rechazan su propia energía masculina, se privan a sí mismas de su libertad y de su poder creativo. Intentarán encajar, evitarán el conflicto y no se atreverán a destacar o ser originales.

Querer mantener la armonía es un rasgo femenino, igual como ser empática y maleable es parte de la energía femenina condicionada.

Sí, aunque los hombres también pueden tener esa tendencia porque también tienen un lado femenino condicionado. Los humanos son una interacción de energías masculinas y femeninas condicionadas. Pero la tendencia a no expresar vuestra propia verdad única y a mezclaros de forma segura en el grupo es, en efecto, el resultado de una energía femenina distorsionada. Esta energía mantiene artificialmente la unidad, pero a costa de quedar atrapados. La energía femenina hace "lo que se debe hacer" y lo que se considera "correcto".

Lo que los hombres suelen hacer cuando se tragan su verdad por un período prolongado de tiempo debido a un entorno intolerante que los obliga a hacerlo, es volverse pasivos o demasiado agresivos. Manifiestan su agresividad a través de un comportamiento grosero, hiriente e insensible. También la muestran estando emocionalmente ausentes o funcionando con el piloto automático, haciendo lo que se les pide hacer sin estar realmente de acuerdo con ello.

Podéis observar esto en sus relaciones y en cómo ellos se comportan en sus entornos laborales. Los hombres no están realmente presentes allí, realizan sus tareas de una manera aburrida y maquinal. No están en contacto con su libertad interior. Puede que intenten encontrar la libertad de ser ellos mismos cuando están solos o lejos de su trabajo, pero eso no funciona ni tampoco ayuda porque, hagan lo que hagan, ejercicio, beber, pasar tiempo con amigos, no aliviará el dolor de la autonegación. Para que haya un cambio y algo nuevo suceda, los hombres deben enfrentarse directamente a sus sentimientos y comprenderlos conscientemente en lugar de adormecerse a sí mismos.

¿Y las mujeres? ¿Qué hacen cuando se tragan su verdad?

Las mujeres tienden a negarse a sí mismas durante un período de tiempo más largo que los hombres. Los hombres se enfadan y actúan de forma agresiva como una reacción de autonegación, pero no es una solución de largo plazo para ellos y esto puede convertirse en un problema en sí mismo. Para las mujeres, la autonegación puede llegar a tal extremo que se olvidan por completo de sí mismas, descuidan gravemente sus necesidades y pueden quedar atrapadas durante años en relaciones o en un entorno que las aleja de su creatividad y autonomía.

En los hombres que operan con el piloto automático y van cojeando por la vida se palpa una insatisfacción latente y un sentido de rebeldía, sin inspiración por lo que hacen. Las mujeres son más propensas a ignorar ese tipo de emociones debido a una docilidad aprendida y, en lugar de rebelarse o sentirse enfadadas, son más propensas al letargo, la fatiga, los trastornos psicosomáticos o la depresión.

Dices que la autonegación en los hombres tiene más probabilidades de conducir a la agresividad. ¿Podrías explicar eso?

Es más preciso decir que cuando alguien niega su individualidad en relación con su energía masculina, esa negación tiende a conducir a la rebeldía. Esto puede ocurrir en hombres y mujeres. Cada persona tiene su propia mezcla de energía masculina y femenina. En términos generales, los hombres están más familiarizados con la energía masculina en sí mismos que con la femenina y son más propensos a ser agresivos, mientras que las mujeres son más propensas a la depresión.

Por supuesto, existen diferencias individuales. Por ejemplo, hay hombres sensibles que naturalmente se sienten como en casa con su energía femenina, pero que también experimentan sus desventajas: falta de límites, indecisión y pérdida de sí mismos en las relaciones debido a la falta de autoconsciencia. Estos hombres pueden ser más susceptibles a los síntomas que se encuentran en el espectro depresivo.

Pero cuando la energía masculina de un hombre estalla en agresión, surge una actitud defensiva irrazonable y fuera de control que es agresión pura. Se siente desorientado, destructivo y quiere liberarse de las ataduras opresivas que lo aprisionan, causadas por sentimientos de resistencia que han sido suprimidos durante mucho tiempo y que finalmente han salido a la superficie. Entonces aparece una pasión llena de ira que no deja espacio para la empatía. En esta forma extrema, para él el mundo solo es blanco o negro. La agresividad masculina es problemática en el mundo en general. Esta agresividad ciega que estalla en la personalidad masculina es un grito de ayuda. Es perjudicial para él, para los demás y para la Tierra.

No estoy hablando de la asertividad sana de un hombre que sabe cómo establecer límites. Estoy hablando de una ira profunda que surge de un dolor mal entendido y que constituye un intento ciego por resolver ese dolor. Sin embargo, cuando un hombre expresa su furia de esta manera, no alivia el dolor, sino que sucede exactamente lo contrario. Este tipo de agresividad destruye el mundo.

Estás diciendo que esta energía masculina agresiva no es solo un problema personal, sino que también puede entenderse como una amenaza a nivel global.

Sí. Es fundamental comprender los orígenes de esta agresividad y no caer en discusiones simplistas sobre "cómo son realmente los hombres". Esta agresividad es destructiva a gran escala y puede adoptar formas extremas, como la violencia política, la violencia ciega contra las mujeres y la explotación de la naturaleza.

Puedo sentirlo y estoy asustada. Siento una profunda sensación de asfixia que me oprime el corazón.

Esto es lo que ocurre, el corazón se ve suprimido por este tipo de energía masculina y conduce a un dolor y una confusión indescriptibles en la psique masculina. Cuando no hay consciencia de lo que está sucediendo, estos sentimientos se transforman en una furia destructiva. A lo largo de la historia, a los hombres se les ha prohibido conectarse con sus corazones, con sus sentimientos. A los hombres jóvenes se les mutila internamente cuando se crían en una sociedad que cree en estas definiciones extremadamente restrictivas y duras de lo que es la masculinidad. Crecen creyendo que deben tragarse su sentido intuitivo de la verdad, trabajar duro, proteger a los débiles (mujeres, niños, comunidad) y distinguirse por sus logros externos y su éxito.

En su interior, los hombres se vieron obligados a reprimir su vulnerabilidad; a ser fuertes y a no llorar nunca, a ser duros, insensibles. Debían modelar la figura autoritaria que señala el camino o convertirse ellos mismos en la figura autoritaria e imponer su voluntad a los demás. No había lugar para la originalidad y la creatividad de la energía masculina que residía en el corazón. Este yugo ha roto los corazones de los hombres. Viven con un corazón roto y cerrado. Esta es la sensación de opresión que sentiste en tu corazón cuando sintonizaste con la energía masculina herida.

Me siento aislado de la vida, de lo que es vibrante y fluido. Es como si no se me permitiera dejar florecer una parte esencial de mí mismo. Tengo que rendirme, obedecer y estar al servicio de algo mayor que no emana nada positivo, solo coacción, deber, miedo. El logro más alto es cumplir con las expectativas del mundo exterior y recibir aprobación por ello. Sin embargo, esta aprobación viene del hecho de ser un hombre obediente y bien adaptado, no de quién soy realmente. Para soportar este dolor de la autonegación, debo endurecerme, proteger mi corazón y mantener mis sentimientos a raya. Abrir mi corazón es peligroso porque puedo perder el control, dejar de funcionar y perder mi sentido de amor propio y autonomía.

Ahora estás canalizando al "hombre prohibido". ¿Qué más sientes?

Que yo, como hombre prohibido, debería limitar mi sexualidad a la lujuria y tener cuidado con abrir mi corazón en las relaciones o durante el contacto sexual, porque es muy amenazante. Cuando abro mi corazón, me voy, no queda nada de mí. Tengo que contenerme, no abrirme demasiado. Necesito protección, porque si revelo toda mi vulnerabilidad no hay nadie ni nada que me proteja. Entonces estoy indefenso.

"¿Qué necesitas?", le pregunto al hombre prohibido. La respuesta que recibo es "que alguien me vea".

Lo que quiere ser visto es el corazón, el alma, la individualidad única.

También siento algo sobre esa ira, la agresividad que surge como resultado de la opresión de la propia alma. Es un instinto de supervivencia o un impulso de venganza que finalmente se activa debido a la autonegación. Si te sientes oprimido de esta manera durante mucho tiempo, quieres recuperar tu propia identidad, pero de la manera equivocada. Quieres dar la vuelta a la situación y ejercer el control y dominar algo o a alguien por ti mismo, sentir que "es tuyo" y obtener satisfacción por ello. Debido a esa impotencia ejerces poder sobre la naturaleza, la vida, el mundo que te rodea. Como la vida te ha sido negada, quieres usar tu mente para controlarla. Esto está sucediendo globalmente a través de la tecnología, la ciencia y el comercio. Tradicionalmente, el dogma religioso, las guerras políticas y los conflictos eran los que ejercían este tipo de control y poder.

El dolor precede a la ira y al control compulsivo. Cuando no os sentís vistos y aceptados como sois naturalmente, cuando vuestro ser único es expulsado y tenéis que adaptaros a las costumbres predominantes, os sentís emocionalmente heridos y desfigurados. Entonces, el hombre herido convertirá el dolor que experimenta en ira o frustración, el cual se manifiesta en el impulso de controlar.

Es importante entender por qué la ira es la respuesta preferida en los hombres. Esta emoción en realidad encaja mejor con las costumbres culturales predominantes que consideran más masculino estar enojado que estar triste. La ira en forma de entusiasmo ideológico, comportamiento autoritario o incluso opresión de los demás no es un tabú para muchas personas. Las nociones tradicionales de masculinidad la consienten.

Tanto los hombres como las mujeres sentís este dolor y cuando se vuelve insoportable, lo convertís en algo que os parece manejable para vosotros. Para los hombres, es la agresión y el dominio, ya que el yo distorsionado busca posibilidades dentro de las costumbres predominantes, es decir, dentro de las definiciones predominantes de masculinidad.

El yo herido y distorsionado, en su estado inconsciente y encerrado, no tiene idea de alternativas. Se ha rendido a una autoimagen limitante y a las doctrinas existentes. Las reglas tradicionales de la sociedad le permiten a un hombre ser agresivo. Esto se considera como ser decisivo, líder, una cualidad carismática en los líderes políticos. Pensad en los dictadores que se ganaron la admiración y el apoyo de las masas populares con ideologías extremadamente agresivas.

Aunque en general los excesos de agresividad son condenados por el orden establecido, muchas formas de dominio masculino y comportamiento autoritario han sido consideradas aceptables durante mucho tiempo. La ira que arde en la energía masculina colectiva es tolerada e incluso aprobada por el orden establecido, aunque esa ira es en realidad una reacción inconsciente dirigida contra la clase dirigente.

Y esta ira también amenaza el orden establecido, si piensas en el terrorismo, la obtención de beneficios corporativos de manera agresiva, la contaminación ambiental y las guerras libradas por motivos nacionalistas o religiosos.

Es una paradoja. El orden establecido consiste en una energía masculina dominante y anticuada, y al mismo tiempo ese orden dice luchar contra la agresividad que se manifiesta en forma de terrorismo o regímenes dictatoriales. Pero ¿en qué se basa el orden establecido? ¿Hay realmente en él una energía basada en el corazón, una búsqueda sincera de tolerancia, de entendimiento mutuo, de protección de la individualidad y de una distribución justa de los recursos? Se habla mucho de ideas democráticas y de derechos humanos, pero en la práctica, los que están en el poder no están preocupados por los valores de la igualdad, la justicia y la protección de los débiles, incluida la naturaleza, y son los que al final gobiernan el mundo.

¿Los poderosos de la tierra son los mismos hombres heridos y deformados?

Claro, con algunas excepciones.

Se puede entonces hablar de un círculo vicioso. La definición tradicional de masculinidad suprime el alma del hombre y el dolor que esto provoca conduce a la rabia y a un deseo de control que en realidad no rompe con esta distorsión, sino que, en cierto modo, la refuerza.

Es un problema profundo. La única posibilidad de transformación real es romper con las ideas unilaterales y mutiladoras sobre la masculinidad y la feminidad. Los hombres están en una prisión colectiva que sofoca sus almas. Pueden empezar a dar patadas contra las paredes y los barrotes, pero eso no los sacará de allí. Deben comprender la naturaleza de la prisión y elevarse por encima de ella con su fuerza interior. Esa prisión no es material, sino espiritual; no es algo en el exterior, sino en el interior. La liberación viene desde dentro, y no se logra junto con otros, sino en soledad. Con esto quiero decir que se requiere una elección individual. Cuando decidís interiormente soltar las costumbres predominantes y las creencias limitantes sobre la masculinidad, entráis en contacto vivo con vuestra alma y os salís de la herencia colectiva de la humanidad. Dejáis la prisión a través de la autoliberación individual.

Entonces ¿abandonar la imagen tradicional de la masculinidad requiere que un hombre se separe del orden social dominante?

Los hombres deben darse cuenta de hasta qué punto han sido manipulados. En primer lugar, este debe ser un paso interior, emocional. Porque ellos han sido arrojados fuera de su vida emocional, piensan de manera mecánica. "Escaparse" no significa necesariamente "hacer algo", como dejar el trabajo o emprender un viaje como mochilero. Esa no es la solución. Es más sutil que eso. La situación exige una reflexión y una renovación del contacto con el alma, con los sentimientos.

Tan pronto como experimentáis desagrado, o bien os sentís asfixiados u oprimidos en vuestras vidas, tendéis a preguntaros "¿qué debo hacer?". Buscáis respuestas en acciones específicas: dejar mi trabajo, romper mi relación, renovar mi casa, ¡ir a un retiro! La pregunta "¿qué debo hacer?" es una manifestación del problema subyacente. Una forma de pensar orientada a la acción es una señal de que la energía masculina se ha vuelto loca porque busca soluciones en el nivel del "hacer".

Esta tendencia está en todas partes. En el plano global, se buscan constantemente soluciones externas, soluciones a nivel de hacer, actuar y dirigir. Por ejemplo, el medio ambiente: ¿cómo controlamos la contaminación para que disminuya? Las cifras, los cálculos y las tecnologías modernas hacen entrever la posibilidad de una solución. Pero la tendencia a calcular y resolver el problema a través del hacer y del actuar fracasa por completo. En última instancia, nada cambia.

La única solución es un cambio de consciencia, un retorno al alma, la necesidad de restablecer el contacto con vuestro mundo interior, con vuestros sentimientos, con vuestra pasión, con vuestro núcleo viviente. Lo que falta, es el contacto con el alma. Éste es el verdadero problema individual y a lo largo del globo. El mundo entero está atrapado en una energía masculina desquiciada y destructiva, y los hombres padecen de esto tanto como las mujeres. Sin embargo, ellos lo hacen inconscientemente. El primer paso para sanar, es crear consciencia.

Para volver al marco de trabajo que describiste en el capítulo cinco, distinguimos tres puntos, de los cuales ahora has explicado el tercero. Voy a resumir.

Es importante darse cuenta de que las energías masculina y femenina originales son una en un sentido complementario, puesto que esto tiene enormes consecuencias para (1) cómo imaginamos a Dios, (2) cómo nos entendemos a nosotros mismos como un alma que lleva ambos aspectos, y finalmente, (3) cómo funcionamos como hombre o mujer.

Con respecto al tercer punto, nos has mostrado que la definición empobrecida de la masculinidad como dura, rígida, controladora y emocionalmente dormida tiene consecuencias extremadamente destructivas, como la agresividad a gran escala y el intenso sufrimiento psicológico de los hombres.

Indicaste que, si entendemos esto, entonces podemos distinguir, por un lado, la masculinidad y la feminidad originales y, por el otro, la masculinidad y feminidad destructivas basadas en el ego.

En el próximo capítulo discutiré la diferencia entre la energía masculina original y la destructiva. Comprender la diferencia es crucial para las mujeres, no solo porque ellas están en constante relación con los hombres, sino también porque es importante que ellas reconozcan e integren dentro de sí mismas su propia energía masculina original.

7

ENERGÍA MASCULINA DESTRUCTIVA FRENTE A ENERGÍA MASCULINA ORIGINAL

Para tomar consciencia de cómo nos limita la creencia sobre una imagen dura, hiriente de la masculinidad, es importante que nos demos cuenta de que existe una imagen de masculinidad diferente, más madura y liberadora, que podemos adoptar.

Si no sabéis que estáis en una prisión, no podéis salir.

En Occidente, la gente ha comenzado a pensar de una forma diferente acerca de la masculinidad. Se burlan de la versión estereotipada del macho y ahora se les permite e incluso se espera que los hombres sean sensibles.

Observen a los líderes políticos de la mayoría de los países, a los directores ejecutivos de las grandes corporaciones o a los gobernantes en general. Ellos aún son bastante machos.

Sí, eso es cierto. Entonces, ¿sigue dominando la vieja imagen de masculinidad?

En la mayor parte del mundo, sí. Me gustaría distinguir entre este tipo limitado de masculinidad, a la que llamo destructiva, y aquella a la que llamo energía masculina primordial.

¿Qué es la energía masculina primordial?

Es la energía de la individualidad. En los capítulos cinco y seis describí las interacciones entre un hombre y una mujer que están en el nivel del alma. Lo femenino representa el Uno, el conector, lo oceánico. Lo masculino trae lo Múltiple, la variedad, la autonomía, la singularidad y la individualidad. Juntas, estas energías polares crean la danza de la creación.

Por ejemplo, como seres humanos sois capaces de empatizar intensamente con otros, lo cual es una cualidad femenina. A través de la empatía vosotros sentís una unidad. Al mismo tiempo, sois capaces de actuar, elegir y permanecer en el mundo como individuos separados. Tenéis vuestro propio mundo interior. Podéis compartir algo esencial sobre vosotros, vuestros sentimientos profundos y conectar con ellos, y al mismo tiempo, seguir siendo una consciencia independiente y creativa, con vuestro propio libre albedrío. De este modo, como ser humano sois al mismo tiempo femenino y masculino.

Por lo tanto, la energía masculina en su forma original, es la energía de la individualidad y la separación en el sentido de autonomía y autosuficiencia.

Sí, la energía masculina original, en constante equilibrio con la energía femenina original es equilibrada y madura. El conflicto no entra en ella, solo una cooperación orgánica.

Pensad en una conversación que tenéis con un amigo, por ejemplo, en la que parte de ella consiste en escuchar y empatizar con la otra persona, lo cual es esencial para la comunicación. Por otro lado, ofrecéis vuestras propias experiencias y puntos de vista. Una buena comunicación siempre consiste en una alternancia entre cualidades femeninas y masculinas. De hecho, os conectáis con la otra persona y estáis abiertos a su perspectiva (cualidades femeninas), a la vez que os mantenéis atentos a vuestros propios sentimientos y expresáis vuestra perspectiva (cualidades masculinas). "Entiendo lo que sientes y piensas...déjame decirte lo que yo siento y pienso". Este ir y venir es natural o debería serlo en la comunicación.

Donde sea que encontréis la energía masculina original, siempre estará conectada e interactuará con la energía femenina original y viceversa. Eso es cierto por definición.

La diferencia significativa entre la energía masculina original y la destructiva, es que esta última se opone a la energía femenina y entra en lucha con ella. Esto también se aplica a la energía femenina destructiva cuando ha perdido la conexión con la energía masculina original y se vuelve desmesurada, caótica, manipuladora y asfixiante. Cuando las dos se desconectan entre sí, ambas energías se vuelven destructivas y en ese momento entra en juego la dualidad, haciendo rígido lo que era originalmente fluido.

Cuando las energías masculina y femenina de una persona se separan, algo en ella muere. Cuando estas energías se comportan de acuerdo a las imágenes caricaturales de masculinidad y feminidad que dicta vuestra tradición, los hombres se vuelven mecánicos, planos y muertos por dentro. Se les priva de su vitalidad, de sus sentimientos y del flujo natural de emociones que forma parte del ser humano. Mutiláis la vida interior de los niños cuando los obligáis a entrar en la camisa de fuerza de "ser un hombre bueno y fuerte". *El aspecto destructivo de la energía masculina no es natural, es una creación, una construcción. ¿Su "naturaleza competitiva natural" no es agresiva y dominante?*

Los hombres no son agresivos por naturaleza. Eso es un invento. La agresividad no es natural en absoluto. En una sociedad madura, la agresividad es una señal de que algo se ha descarrilado, que se ha producido una aberración. Puede darse tanto en mujeres como en hombres. Si se reprime una emoción humana normal como el miedo o el susto, puede convertirse en ira y resentimiento.

Por ejemplo, si una autoridad externa os obliga a hacer algo que es nuevo para vosotros y que os atemoriza, podéis sentir resistencia y enfado. Cuando vuestros límites han sido violados de esa manera, el dolor y la impotencia que sentís en vuestro interior y que son ignorados por quienes os rodean, pueden convertirse en una desconfianza permanente hacia los demás. A largo plazo, podéis sentiros siempre cautelosos y a la defensiva, con la sensación que tenéis que defenderos, protegeros o resguardaros de otras personas, y esto puede conducir a la agresividad. Vuestros sentimientos se encierran herméticamente, perdéis toda espontaneidad y os sentís cada vez más frustrados. A menudo persiste un vacío, un sentimiento de aplanamiento, pero en algún momento se expresará como agresión e incluso se manifestará explosivamente como resentimiento y enojo. Este tipo de agresividad se acumula lentamente y no es inherente a la "naturaleza masculina". Es el resultado de un condicionamiento social gravemente disfuncional que desanima a las personas en general y a los hombres en particular a mantenerse en contacto con sus emociones y sentimientos.

Dices que la agresividad no es natural, pero ocurre en el reino animal, ¿no es así? Estoy pensando en los instintos territoriales de un animal.

No podéis comparar el reino animal con el reino humano. Sé que hoy en día está de moda decir que el hombre "es en realidad un animal" con un poco más de capacidad cerebral, pero el hombre viene al mundo desde una dimensión de consciencia completamente diferente. Las emociones existen en los animales, pero ellos no tienen la capacidad para procesarlas o reflexionar sobre ellas. Esto es lo que a las personas les encanta de los animales.

Vosotros sentís la inocencia y la pureza en el comportamiento animal incluso cuando se descarrila, porque sabéis que el animal no puede evitarlo. De hecho, la gente dice que los animales son muy puros. Pero la pureza no es una cualidad moral elevada si es la única opción posible para una situación. No se trata de una elección real para un animal el ser "puro". No es un logro. Podéis admirar esa cualidad en los animales, pero la consciencia humana está en una dimensión diferente. El ser humano tiene autoconsciencia y libre albedrio, el animal no. La pureza a la que sí deberíais aspirar no es la de la animalidad inconsciente, sino la de una consciencia abierta, estando en contacto con el alma, siendo capaz de entender y manejar con madurez las emociones de ira y miedo.

Sí, la agresividad en los animales existe, pero suele ser efímera, surge y desaparece en un instante. El perro que os ladra y gruñe en la calle os está diciendo, por así decirlo, "¡Vete!". Cuando lo hacéis, en el segundo siguiente el perro está jugando a perseguir una ardilla sin pensar en vosotros. No existe una ausencia de vida continua, ardiente y frustrada en la agresión del perro que es tan característica del estado de conciencia de los machos agresivos. *En mi libro anterior,* La Mujer Prohibida Habla, *abordé las heridas en la psique femenina causadas por condicionamientos pasados. Las mujeres llevan una profunda sensación de "vacío en el abdomen", sumada a una falta de autoestima, que las deja completamente inconscientes de su propia fuerza.*

En el libro menciono brevemente que los hombres son más propensos a sufrir una herida en el corazón, a desconectarse de sus sentimientos. ¿Es también este el sello distintivo de la energía masculina destructiva? ¿A los hombres se les ha prohibido conectarse con sus propios corazones, para forzarlos a demostrar que son duros, fuertes y poderosos? Sienten que tienen que hacer esto para cumplir con las demandas y expectativas de la cultura en la que crecieron. Esto les ha sucedido sistemáticamente. ¿Existe una energía masculina destructiva que es acumulativa y colectiva, que afecta profundamente nuestras vidas, individual y globalmente?

Sí, así es. Yo diría que la característica esencial de la energía masculina destructiva es que no está conectada con la energía femenina. Los hombres que no están en contacto con su propia energía femenina, el aspecto femenino de su alma, están profundamente heridos. Es una herida psicológica, que puedes reconocer en los siguientes síntomas.

- Incapacidad para reconocer sus sentimientos
- Incapacidad para expresar apropiadamente sus sentimientos
- Preocupación mental, "en sus cabezas"
- Falta de conexión con su propio cuerpo

Puedo reconocer esto en mis propias observaciones de los hombres. Parece como si reprimir tanto los sentimientos como la espontaneidad emocional condujera a un sentimiento mecánico, plano y muerto en el interior. Esto puede crear un vacío interior que los lleva a la depresión, a un sentimiento de falta de propósito, de encierro o desconexión, de aislamiento y alienación, lo que puede ser insoportable y que, finalmente, tiene que ser "exteriorizado". El dolor puede convertirse en ira o frustración descontroladas, que no son liberadoras y refuerzan los sentimientos de aislamiento. Es a partir de ese estado de desconexión que surge una actitud cargada hacia "lo femenino".

¿Qué sientes tú?

Lo femenino representa lo que el hombre herido ha tenido que rechazar en sí mismo, su sensibilidad, su dinamismo. Esto crea en él sentimientos ambiguos en relación con las mujeres. Pienso que, en versiones extremas, esto puede llevar, por un lado, a la misoginia ("te odio porque eres lo que no me está permitido ser") y, por otro lado, a la adicción y a una dependencia excesiva de las mujeres, o en particular de la pareja femenina.

Sí, los hombres aman a las mujeres, pero si se les niega su propio lado femenino, sensible, entonces en el mundo exterior ellos verán a las mujeres como "el otro", como seres completamente diferentes a ellos. Esto es incorrecto y conduce a un desequilibrio. La energía masculina original no está alienada de la femenina, sino que está naturalmente conectada a ella. Un hombre que se siente a gusto en su corazón, que se permite ser tierno y se atreve a expresarse, puede conectar con una mujer mucho más fácilmente que un hombre que tiene que ocultar sus sentimientos todo el tiempo, que tiene que contenerse porque vive detrás de una máscara, actuando como un hombre "fuerte y duro". Es característico de la energía masculina destructiva ver a la mujer o lo femenino como "el otro" y como "lo incomprensible".

Esto lleva a una actitud contradictoria hacia las mujeres, la cual has caracterizado anteriormente como una relación de amor-odio. Yo lo diría de esta manera, los hombres que poseen energía masculina destructiva sienten miedo de las mujeres y no saben cómo comportarse con ellas. Por un lado, dependen emocionalmente de ellas, puesto que han perdido el contacto con su propio lado femenino. Y, por otro lado, la expectativa predominante de un hombre es que él nunca dependa emocionalmente de nadie, y mejor aún, que no tenga ninguna necesidad emocional. Esto crea una división en la psique masculina, provocando una miseria generalizada en el mundo. Si no se os permite ser vulnerables y emocionalmente dependientes, y habitualmente tenéis que reprimir vuestros sentimientos, os volvéis rígidos por dentro. Desarrollaréis ideologías huecas que os darán algo a lo que aferraros, pero, en realidad, estáis caminando por el desierto. Negáis vuestra necesidad de agua, usáis vuestra voluntad y perseverancia para seguir adelante, pero todo es en vano. Anheláis el oasis de la energía femenina. Anheláis sentiros como seres humanos.

Las emociones del hombre medio han sido amputadas, pero él no se da cuenta. En la medida en que no se dé cuenta, él no entenderá por qué está sufriendo y desarrollará miedo o incluso aversión hacia las mujeres. Ellas lo provocan, porque le muestran lo que le falta solo siendo quienes son, y eso lo hace sentir vulnerable. En ese estado inconsciente, él puede hacer dos cosas, volverse despreciativo y cerrado, o volverse posesivo y celoso.

Ambas respuestas basadas en el miedo son de naturaleza agresiva: rechaza lo femenino y lo mantiene a raya o quiere capturarlo y dominarlo. Ambas respuestas tienen que ver con el control. El control se opone al sentimiento. El mayor tabú al que se enfrenta el hombre es el tabú de sentir sus sentimientos, excepto la expresión de ira, rabia y agresión.

¿Qué hacer entonces?

Los hombres tienen que cambiar. La carga de rasgos masculinos tradicionales que los hombres han asumido es instintiva y está profundamente arraigada. Ese es el problema, y las mujeres han llegado a aceptarlo. Un hombre es masculino si es cerrado y duro, y es débil si es sensible. Esa es la imagen estereotipada y las mujeres inconscientemente se suman a ella. Ellas pueden pensar que quieren que los hombres sean diferentes, que quieran que un hombre sea vulnerable, abierto y lleno de vida, pero inconscientemente se aferran a la idea de él como un ancla, una roca, silencioso, fuerte, duro.

Las mujeres están confundidas acerca de qué tipo de masculinidad es atractiva porque, a su vez, ellas no han abandonado la vieja imagen de feminidad, la cual consiste en ser cariñosa, amorosa y vulnerable. La mujer dulce y adaptable necesita a un hombre poderoso y dominante. Esta idea de dos mitades que se complementan no sólo es algo anticuado, sino también falso y limitante. Sin embargo, tiene un gran atractivo romántico.

En el ser humano hay un deseo profundo e inconsciente de fusionarse con algo mayor. La polaridad masculino-femenino tiene un enorme atractivo y es una fuente de infinitas fantasías, imaginería y ensoñaciones.

¿Es todo falso?

No hay lugar para la individualidad en la imagen de dos mitades que se complementan mutuamente. Ese es el mayor error.

Daos cuenta de que en vuestro centro sois un alma, no un ser humano. Vuestra humanidad es una forma que habéis asumido temporalmente. La forma humana se basa en el género, sois hombre o mujer. Pero esa es sólo vuestra forma. Vosotros, como hombre o mujer, sois sólo una forma. Daos cuenta de que sois un alma única. Lo que os hace ser quienes sois, lo que os hace únicos, no es vuestra masculinidad o feminidad.

Podéis hacer estos sencillos ejercicios.

- Imaginad que sois un árbol

- Imaginad que sois una montaña

- Imaginad que sois una mujer si ahora sois un hombre e imaginad que sois un hombre si ahora estáis en un cuerpo femenino

Haced estos tres ejercicios con total atención. Sentid cómo podéis imaginar ser estas formas de vida mientras al mismo tiempo seguís siendo vosotros mismos. Todavía sois vosotros mismos mientras observáis y experimentáis el pretender ser estas formas diferentes..

De hecho, este ejercicio no es solo un juego para la imaginación. Habéis sido un árbol, una montaña, un hombre y una mujer en otras vidas. Vuestra consciencia esta más expandida y es más magnificente de lo que creéis. Ella puede y quiere expresarse y desarrollarse en muchísimas, infinitas formas, no solo en la forma humana. ¿Os dais cuenta de lo creativa que es vuestra consciencia original?

Si dejáis que vuestra individualidad, quienes sois realmente, sea definida por las definiciones humanas de masculinidad o feminidad, os ponéis a vosotros mismos en una prisión, y eso os oprimirá terriblemente, especialmente a medida que la consciencia de vosotros mismos como individuos, como almas únicas, comienza a crecer.

El primer paso hacia la autoliberación para hombres y mujeres es dejar de lado la idea que sois esencialmente un hombre o una mujer. Eres esencialmente tú, un alma única que no puede ser contenida en una forma.

Ahora está claro para mí en qué se diferencia la energía masculina destructiva de la energía masculina original o madura. Me pregunto cómo se aplica esta distinción a la energía femenina. He descrito la versión destructiva de la energía femenina en La Mujer Prohibida Habla. *Me gustaría saber cómo interactúan la energía masculina y femenina destructivas. ¿Acaso necesita la energía masculina agresiva y dominante una energía femenina débil y sumisa, que sea opuesta?*

La energía femenina sumisa y la energía masculina dominante están vinculadas de una manera inestable. Parecen complementarias, pero en realidad son adversarias. La energía masculina destructiva niega la dignidad intrínseca de la energía femenina. En el fondo, en secreto, por así decirlo, "él" no puede vivir sin ella y esa es la razón por la cual él quiere controlarla. Quiere poseerla mediante la coacción y el control. La energía masculina destructiva es violenta, impulsada por la ira inquieta y la frustración. No está en contacto con su propia alma y no puede relacionarse con lo femenino de una manera saludable, tanto dentro como fuera de sí mismo. Si ella le sigue la corriente, la energía femenina termina en el otro extremo, puesto que ella está en la negación y ha perdido su propio poder y autonomía.

¿En qué consiste la autonomía femenina? ¿Por qué el macho dominante o destructivo quiere poseer algo muerto? Esto descarta cualquier interacción significativa, ¿no es así?

El poder autónomo de la energía femenina es conectar y dar vida, no solo biológicamente, sino psicológicamente. Ella inspira, crea desde el corazón y extiende la mano. La energía femenina basada en el corazón eleva a la persona a un nivel de amor y unidad, donde el alma, vuestro núcleo único, puede crear y prosperar. La energía femenina os conecta con vuestro corazón, la fuente de vida, y ese es precisamente el lugar del cual quiere mantenerse alejada la energía masculina inferior. Abrir el corazón equivale a renunciar a las defensas y necesidad de control. La energía masculina destructiva se opone a la vida misma. Es tóxica y resiente profundamente a la energía femenina superior. Cuando las mujeres aceptan las imágenes negativas de la feminidad con las que han sido alimentadas, es evidente que no se aprecian plenamente a sí mismas y tolerarán el abuso sin ser conscientes de ello.

La energía femenina original o superior, que se acerca al otro desde un corazón abierto, desafía a la energía masculina inferior y destructiva. Algo en él se siente inexorablemente atraído hacia ella, pues ni siquiera las criaturas más defensivas y encerradas en sí mismas pueden escapar de la llamada de la verdad, y el amor es verdad.

Pero si el ego masculino tiene que bajar los brazos, abrirse a la verdad y reconocer el miedo que lo impulsa, puede surgir una respuesta de lucha o huida. El poder del amor de romper estructuras puede ser tan abrumador y amenazador que el ego masculino querrá protegerse a sí mismo a toda costa, ya sea huyendo o luchando, es decir, aceptando solo el aspecto no amenazador de la energía femenina, no el desafiante.

Esta es la respuesta a tu pregunta de por qué el ego masculino inferior quiere poseer algo muerto. La mujer sumisa, cariñosa y bien adaptada no es una amenaza para él. Él no tiene que cambiar. Él todavía puede extraer su fuerza vital de ella. El hombre no está realmente vivo, es mecánico y emocionalmente empobrecido debido a la negación de su propia energía femenina. Se siente atraído por las mujeres por su naturaleza vibrante y emocional. Siente que él mismo cobra vida a través de ellas, pero debido a su inherente impulso de control, él también querrá reducir y restringir la vitalidad de ellas. Esto conduce a un tira y afloja dentro de la llamada "relación". Aquí no hay una relación genuina porque la interacción significativa requiere la presencia del amor y la libertad.

Este tipo de relaciones impulsadas por el poder se romperán tarde o temprano, porque cuanto más muerta y sumisa se vuelva la mujer, menos se preocupará el hombre por ella y acabará descuidándola o rechazándola. Cuanto más viva se vuelva, y, por lo tanto, autónoma e independiente, más despertará su miedo y, por tanto, su agresividad. Él la obstaculizará mediante un comportamiento celoso y controlador. Entonces ella, o bien se rebela y se va, o bien cede y languidece. No hay un equilibrio natural en esta dinámica. La relación es inestable por definición.

Las mujeres pueden sentirse atraídas por la energía masculina inferior de una manera casi perversa. Ninguna mujer quiere conscientemente ser sumisa o sentirse controlada, pero sí podemos sentirnos atraídas por cierta dureza, aspereza, incluso insensibilidad en un hombre, cualidades que inconscientemente asociamos con fuerza y liderazgo.

La imagen del "hombre real" como sumamente resistente e inflexible está profundamente arraigada en la imaginación humana, tanto en hombres como en mujeres. Ese hombre real que está "hecho de piedra", el líder inquebrantable que "pone las cosas en orden", la autoridad masculina con una autoridad casi divina, esta imagen (de la que se deriva la noción de Dios como una deidad masculina) nace del miedo. Detrás de ella hay un miedo profundo y existencial a la vida con toda su arbitrariedad e imprevisibilidad. Este miedo crea la necesidad de una autoridad externa.

La imagen resultante de una masculinidad dura es una imagen que amenaza la vida, porque la dureza severa e inflexible de la energía masculina inferior solo ofrece consuelo a las personas que no quieren pensar, sentir, actuar y decidir por sí mismas. Esta energía masculina inferior avanza al conseguir que las personas se sientan sumisas. Podéis ver su fuerte influencia en la política. Pensad en la imagen típica de un líder político, un jefe o un director ejecutivo. Es el ideal del hombre con puño de hierro que toma la iniciativa y "corta por lo sano". Este tipo de hombres existe.

Se hace mucho hincapié en la decisión y el control. Es menos importante el contenido que la forma. Este tipo de liderazgo se basa en "tener todo bajo control", mientras que la realidad suele ser muy diferente. Estos líderes suelen mostrar rasgos paranoicos o incluso psicóticos. Ellos crean caos y opresión, porque ignoran los hechos que no les convienen, se niegan a ser flexibles, a entablar una comunicación real y a permitir diferentes perspectivas. Su falta de empatía va de la mano de una crueldad (extrema) y aplastan cualquier cosa verdaderamente innovadora.

Este liderazgo tradicional masculino, basado en el miedo, siempre es conservador y actúa a la defensiva.

Esta misma dinámica se da en una relación amorosa cuando la energía masculina no está en contacto con la femenina y es rígida y mecánica, y su deseo de dominar es un fin en sí mismo. Solo las mujeres que no están en contacto con su propia energía masculina original se sentirán inicialmente atraídas por esta masculinidad "dura". Este tipo de atracción proviene de un vacío interior, una falta de autoconsciencia y la necesidad de una autoridad externa. Pero tarde o temprano, la mujer se desenamorará, porque la malsana dinámica de poder mencionada anteriormente la convencerá que esta energía masculina inferior nunca satisfará sus necesidades.

¿Cuáles son las principales consecuencias para la psique masculina en relación con este viejo ideal de "masculinidad dura"?

Ha causado un profundo y tremendo daño psicológico. Su incapacidad para sentir se ha visto afectada, y sentir es vivir. El adormecimiento emocional tiene graves consecuencias, una conexión reducida con el cuerpo, una mente demasiado activa centrada en resolver problemas y una falta de sensación de arraigo. Como el pensamiento está desconectado de la intuición, que viene del corazón, los hombres están encerrados en sus cabezas. Se supone que son líderes y protectores, pero se sienten agobiados por una responsabilidad que es demasiado grande para ellos. Sus deberes y responsabilidades aplastan al niño interior lleno de vida que llevan dentro y da lugar a una frustración reprimida y a una complicada mezcla de culpa y rabia.

El problema principal es que los hombres pierden la conexión con su núcleo vital, su alma. Lo mismo ocurre con las mujeres, cuyo poder creativo e independencia han sido suprimidos. También pierden contacto con su alma. Tanto los hombres como las mujeres sufren por las jaulas tradicionales en las que han sido encerrados, porque su individualidad es ignorada. Para unos, esto conduce a la agresividad y a la falta de compasión, para otros, a la pasividad y la depresión. Ambos sexos sufren. El alma única del ser humano individual queda relegada a un segundo plano.

¿Qué hacer?

Reconocer el problema es un requisito previo. Mientras creáis en las imágenes dualistas de masculinidad y feminidad, seguiréis teniendo el cerebro lavado y seréis infelices sin entender por qué.

Ha habido muchas críticas a las definiciones tradicionales de masculinidad y feminidad. Desde hace aproximadamente un siglo, la igualdad de las mujeres ha sido cada vez más reconocida en muchos aspectos, al menos sobre el papel. Me parece que, especialmente en Occidente, los hombres son más conscientes de sus sentimientos y cada vez con más frecuencia se les permite y se les motiva a expresarlos. En algunos círculos incluso se ha convertido en una "obligación." Los hombres son recriminados por ser insensibles y emocionalmente cerrados. El comportamiento masculino anticuado autoritario se considera poco atractivo. A veces, tengo la impresión de que la masculinidad se considera sospechosa "de todos modos". Los hombres necesitan volverse más femeninos. Parece como si, en los círculos feministas y espirituales, la feminidad se considera moralmente superior.

Los hombres no necesitan volverse más femeninos, necesitan abrazar su energía masculina original, que los conecta naturalmente con su energía femenina superior (basada en el corazón). Retratar lo femenino como "bueno", moralmente superior, más humano y amoroso, y lo masculino como "malo" o intrínsecamente agresivo e insensible, es crear una falsa dualidad. Primero, es importante darse cuenta de que la energía femenina también puede ser destructiva cuando se basa en el miedo o el ego, y segundo, que hay una energía masculina superior basada en el corazón que necesita ser liberada en cada ser humano. Las cualidades de la energía masculina original son el discernimiento, la concentración, la autoconsciencia, la veracidad y la independencia.

La energía masculina original está intrínsecamente motivada a explorar lo nuevo y "romper con las reglas", especialmente las reglas construidas sobre la autoridad basada en el poder. Pensemos en la imagen arquetípica del niño travieso que hostiga a sus padres y está empeñado en hacer las cosas a su manera. Hay algo de espíritu aventurero en el romper con las reglas, que es propio de la energía masculina original, y este es un aspecto creativo y vital de la masculinidad superior. Está presente tanto en los niños como en las niñas. Es un atributo del alma. Este atributo puede ser asfixiado por una energía femenina dominante o posesiva que quiere domesticar y contener este amor "infantil" por la libertad y el juego. La mujer con energía femenina destructiva o desempoderada experimenta un vacío dentro de ella y busca apoyarse o reclamar la fuerza vital dentro de lo masculino. Esta mujer malsana busca conquistar al hombre a través de la manipulación psicológica, actuando de manera impotente y jugando con sus propios sentimientos de culpa y responsabilidad, controlando así la energía masculina y manteniéndola "atada".

Si reconocemos que tanto la energía masculina como la femenina tienen una versión superior y una inferior, o una original y una destructiva, ¿es entonces cuando podemos abordar el tema de la "masculinidad" de una manera más sutil y veraz?

Sí, la herida masculina solo puede ser sanada si se reconoce la herida. Los hombres han sido privados no sólo de las "cualidades femeninas" como la empatía y la ternura, sino también de las "cualidades masculinas" como la osadía, la originalidad, la veracidad y la saludable tendencia a destronar a las falsas autoridades.

En otras palabras, sanar la herida en los hombres no consiste solamente en reconectarse con su energía femenina, sino también en sentirse a gusto con su propia energía masculina original. Este es el hombre prohibido.

Así es, y es de lo que quiero hablar ahora. ¿Cómo puede un hombre recuperar el acceso a su corazón y reconectarse con su alma, en lugar de quedarse atrapado en un rol socialmente construido? ¿Cómo puede él encontrar el camino de regreso a su energía masculina y femenina originales?

8

SANANDO LA HERIDA MASCULINA

Hemos hablado y definido la herida masculina. A lo largo de la historia, los hombres se han visto obligados a reprimir su energía femenina (sus sentimientos, emociones e intuición) y a desconectarse de su energía masculina original, es decir, de las cualidades masculinas superiores o basadas en el corazón, como la autoconsciencia, la veracidad, el discernimiento y la vocación aventurera.

La supresión de ambas energías ha sido emocionalmente traumática y ha causado una herida en los corazones de los hombres. ¿Cómo pueden los hombres sanar esta herida interior?

Primero demos un paso atrás. La mayor herida infligida a los hombres ha sido la ruptura de la comunicación natural con su propia alma. Lo mismo ha sucedido de una manera singular con las mujeres. Definir con estereotipos la masculinidad y la feminidad y organizar la sociedad de acuerdo con esas líneas ha causado un sufrimiento indescriptible. En ambos casos, ya seáis hombre o mujer, se os ha desanimado a experimentar vuestra propia plenitud, vuestra plenitud como ser humano, como individuo y como alma.

Pero pensad por un momento, ¿quién se beneficia de esto? Si obligáis a las personas a creer en la dualidad y en identidades sociales fijas, suprimís su libertad individual. Diseñáis un marco moral que prescribe cómo deben comportarse; si obedecen, son buenas, si se desvían, son malas. Así es como se controla a las personas.

¿Quién ideó y aplicó esos marcos? ¿Quién quería controlar a las personas de esta manera?

Muchas instituciones y organizaciones religiosas y políticas encarnan la energía del poder y el control. Los líderes políticos y religiosos son reacios a la libre expresión individual; de hecho, se esfuerzan por aletargar la mente y el espíritu humano.

La historia humana muestra constantemente que las personas tienen un hambre psicológica de poder y control, y que, a gran escala, esto conduce a guerras, y a escala social, crea una competencia brutal en los lugares de trabajo, así como en la distribución del dinero y los bienes. A nivel micro, el ejercicio cotidiano del control se manifiesta en las relaciones entre padres e hijos, en los matrimonios y en las amistades. Cuando veáis a mujeres y hombres a quienes se les restringe la expresión de su yo único, veréis que ellos manifestarán hambre de poder y control.

El contacto con el alma trae a las personas consciencia de su fuerza interior, sabiduría e independencia de los poderes mundanos. Esa es exactamente la razón por la que estos poderes, incluida la mayoría de las religiones, no quieren que las personas se desvíen del camino trillado y mucho menos que vivan auténticamente, en contacto con su propia verdad e inspiración creativas.

La pregunta esencial es: ¿qué es exactamente esa hambre de poder que os aleja del contacto con vuestra propia alma y os hace querer controlar a las personas y a la vida en general? En lugar de analizar formas específicas de abuso de poder, pasado o presente, e identificar a los "culpables" particulares, prefiero centrarme en la energía psicológica universal que se esconde detrás de la necesidad de poder. Ese es el meollo del asunto.

¿Qué es esa hambre destructiva por poder y control que, entre otras cosas, causó la herida masculina y de dónde proviene?

Para reformular tu pregunta sin señalar "fuerzas malas" ni jugar al juego de víctima-agresor, podrías preguntarte ¿qué hay en mí que quiere ejercer ese poder? ¿Dónde juzgo, etiqueto, creo cajas morales de bien y mal y me obligo a mí mismo y a los demás a conformarnos con esto?

Ajá... ¿estás diciendo que el culpable, el ego controlador, el abusador del poder está dentro de nosotros?

¿Dónde sino?

Lo entiendo. Si culpamos al malhechor que está fuera de nosotros, que causó la herida en nuestro interior, como la Iglesia, un régimen político o alguna fuerza demoníaca, creamos la dualidad de bueno/malo, víctima/ofensor, y convertimos esto en una batalla con los malhechores que están fuera de nosotros.

Sí, y entonces os centráis en la proverbial paja que está en el ojo ajeno, mientras que no veis la viga que está en vuestro propio ojo.

Citando la Biblia: "¿Por qué os fijáis en la paja que está en el ojo de vuestro hermano y no ponéis atención en la viga que está en vuestro propio ojo? ¿Cómo podéis decirle a vuestro hermano, "déjame sacarte la paja del ojo", cuando todo el tiempo tenéis una viga en el vuestro? Hipócritas, sacad primero la viga de vuestro propio ojo, y entonces veréis claramente para poder sacar la paja del ojo de vuestro hermano".

Todos los verdaderos maestros dicen que miremos hacia adentro para identificar lo que nos daña y nos aleja de la verdad.

Dentro de los círculos espirituales es muy común señalar conspiraciones y malhechores que hay que exponer. Parece como si la búsqueda espiritual se hubiera convertido en una batalla política, donde los buscadores de la verdad desenmascaran el mal y a los abusadores del poder, pero la mayoría de las veces no se desenmascaran a sí mismos.

Podéis elegir luchar en esta batalla y seguro que hay mucho que descubrir en el mundo exterior que no está basado en el amor o la verdad. Pero la pregunta es: ¿qué es lo que realmente os interesa? Si estáis buscando la liberación interior, es mejor centrar vuestra atención en vuestros demonios internos, en la necesidad o adicción al poder y al control dentro de vuestra propia psique.

Entonces, la pregunta se convierte en: ¿qué hay en mí (en nosotros) que desea ejercer el poder y el control de tal manera que pierdo el contacto con mi intuición, mi alma? Debe ser algo inconsciente, porque ¿quién quiere conscientemente perder el contacto con su propia alma?

Si tuviera que responder a esa pregunta, diría que algo me duele, siento nostalgia y estoy separada del todo, de la Fuente. Me siento apartada de un Hogar sagrado y seguro, arrojada de un lado a otro en un universo vasto, vacío e incomprensible. Cuando me sintonizo con eso, me siento confundida, desconcertada y hay una urgencia de aferrarse a algo, una necesidad de luz, de amor, de seguridad.

Sí, este es el dolor primario por haber sido empujados a la dualidad, de nacer como almas individuales. Un individuo que nace con una libertad innata y un poder creativo entra en el mundo con una gran promesa, pero en el momento mismo en que se separa de la Unidad, que es el primer paso hacia la autoconsciencia, hay dolor y confusión.

En los primeros mensajes que recibí de ti (ver el libro publicado en inglés The Jeshua Channelings*) hablaste del "dolor cósmico del parto". ¿Cómo se convierte ese dolor en un deseo de poder?*

Cuando el alma nace, es impulsada por dos motivaciones, una aspira a la unidad, manteniendo el contacto con el Uno, y la otra se sumerge en la Dualidad, abrazando la separación y la diversidad. El movimiento hacia la unidad es lo que hace que el alma sea consciente. El movimiento hacia la dualidad enriquece al alma con experiencia. El alma solamente puede crecer y evolucionar cuando ambos elementos están presentes. El alma necesita la dualidad con el fin de ganar experiencia. Por lo tanto, la oposición entre vosotros y el mundo, entre vosotros y "el otro", es necesaria. La parte consciente de vuestra alma es capaz de sentir más y más la unidad detrás de toda la diversidad. Es una con todo, porque la consciencia está en todo, es un campo constante.

Pero para ganar experiencia, "pretendéis" que hay un Yo y un Otro. Creáis un campo de juego de polaridades donde queréis vivir y experimentar el objetivo final de fusionar vuestra consciencia en crecimiento con vuestro conocimiento experiencial. En ese matrimonio, por así decirlo, de consciencia y experiencia, trascendéis el dolor cósmico del parto y experimentáis una totalidad interior que es sublime y creativa. Habéis tomado consciencia de vosotros mismos como Dios.

El movimiento alterno entre la unidad y la dualidad es la danza natural del alma, del ser libre en evolución. El encuentro entre lo masculino y lo femenino es parte de esa danza. Sois uno, tenéis tanto cualidades masculinas como femeninas dentro de vosotros. Vuestra alma no tiene género. Al mismo tiempo, también sois dos. Nacisteis en una forma particular, tenéis un cuerpo masculino o femenino, y os sentís atraídos por el Otro. Queréis experimentar el juego de polaridades.

Este juego podría ser alegre si trajerais un aspecto de la Consciencia a vuestra experiencia de la dualidad. Entonces permaneceríais conscientes de la Unidad, de la seguridad primordial de la cual sois parte mientras saltáis al agua profunda. Sin embargo, durante el proceso de nacimiento del alma, vuestra consciencia se oscurece temporalmente.

Al principio os sumergís profundamente en la experiencia de la dualidad. La pérdida de la Unidad es dolorosa, pero como alma joven, apenas sabéis lo que estáis perdiendo, porque solo sois conscientes de ello cuando sabéis que la habéis perdido. Entonces, sentís una vaga pérdida de "no sé qué", y como no lo entendéis, buscáis una solución para este vacío y ansiedad en el nivel de la Experiencia dentro del campo de juego de la polaridad y la dualidad.

Lo que al final necesitáis es resolver el dolor de la separación. Porque ese vacío aterrador que sentís en vuestro interior se debe a esa consciencia de vuestra unión inquebrantable con la Vida y con vuestra totalidad como individuos. Pero en lugar de eso, llenáis el vacío interior con cosas externas a vosotros y hacéis esto durante bastante tiempo. Lo llenáis con lo que experimentáis como Otro separado de vosotros mismos, que puede daros amparo, amor, calidez y seguridad. Pero aún así os sentís vacíos, pequeños, insignificantes y continuáis buscando algo más grande, algo fuera de vosotros, una madre o un padre, una autoridad, un amado, un Dios, con la esperanza de que eso sea lo que se ha perdido.

Ahí es donde todo sale mal.

Cuando sentís que algo falta y os sentís impotentes, nace el deseo de poder. Encontráis una fuente externa de amparo y luego buscáis poder sobre aquello que os da una sensación de seguridad, plenitud o amor. Queréis controlarlo.

¿Cómo se manifiesta eso?

En primer lugar, el poder y el control son infinitamente distintos al amor. Lo que realmente anheláis es amor, pero desde la parte impotente en vosotros mismos buscáis algo a lo que aferraros y controlar. El poder os da una sensación de control. Pensadlo: cuando os sentís poderosos, experimentáis una sensación de seguridad, que os da una "reparación" temporal. Durante un tiempo, no tenéis miedo ni tampoco sufrís. Para lograrlo, ejercéis poder sobre algo fuera de vosotros, que es valioso, os complementa y "completa". Prácticamente hablando, esto podría ser otro ser humano, una pareja o amante, o el éxito en cualquier forma; prosperidad financiera, admiración, reconocimiento o "ser necesitado por otro". Hay una infinidad de formas en las que el ego asustado intenta llenar el vacío, siempre aferrándose, luchando y conquistando. En esencia, veis al otro como una fuente de alimento y os alimentáis de la energía de otra persona.

Cuando hacéis esto, mantenéis la dualidad; obstaculizáis vuestro propio desarrollo cuando miráis fuera de vosotros. No sois conscientes que la solución está en el interior. Al volcaros hacia vuestro propio dolor, os dais cuenta de que la plenitud sigue estando ahí dentro.

¿Cómo pueden los hombres sanarse a sí mismos? El hombre herido que genuinamente quiere sanarse a sí mismo suelta el poder. Deja de forzarse a sí mismo a encasillarse en creencias preestablecidas, reconoce y deja ir su propio deseo de poder, seguridad y control. En lugar de sentirse víctima de fuerzas externas a él, los otros, las mujeres, la sociedad, se da cuenta de que es él quien tiene que dejar ir sus propios anhelos de poder y control. Al hacerlo, abre la puerta a la libertad.

La libertad le permite al hombre tener espacio para conocerse a sí mismo como ser individual, como alma separada de la sociedad y de sus puntos de vista rígidos, como hombre que es libre de abrirse a su propia alma y a la riqueza de sentimientos que lleva dentro. Está en contacto con su imaginación y su inspiración. Libre, él recupera su mundo interior. Encuentra el camino de regreso a su santuario, a su corazón, y ya no se avergüenza de su humanidad, sensibilidad y vulnerabilidad. Es precisamente su capacidad de sentir profundamente sus sentimientos y expresarse abiertamente lo que lo hace fuerte y sabio. Eso también le permite acercarse a las mujeres de una manera equilibrada, verlas como seres humanos únicos, como el prójimo, pero no como "el Otro".

El primer paso para sanar la herida masculina es que el hombre se dé cuenta de que la forma en que se juzga y se ve a sí mismo está fuertemente influenciada por las creencias limitantes basadas en la necesidad de poder y control. El segundo paso es entender que él ejerce ese poder sobre sí mismo (por miedo) y, por lo tanto, también tiene la capacidad de liberarse de él.

Sí. Para liberaros de una prisión mental, debéis daros cuenta de que estáis en prisión y luego daros cuenta de que es un engaño, que realmente es algo que está fuera de vosotros. "Los otros", o la sociedad, os mantienen atrapados allí. La necesidad de estar a la altura de las expectativas de otras personas es lo opuesto a ser libre. Si queréis controlar lo que la gente piensa de vosotros, vuestra "imagen", siempre estáis tensos, nunca libres. Un hombre que se siente atrapado por las demandas y expectativas de la sociedad acerca de lo que es ser un "hombre de verdad" intenta controlar la forma en que la gente le responde y al final, se daña a sí mismo. De este modo, él construye su propia prisión mental.

Soltad el control, dejad a los demás hacer y pensar lo que quieran, y entonces seréis libres.

Eso suena bastante fácil, pero como ser humano existe una necesidad psicológica de "pertenecer", de ser amado y apreciado por tu familia y tus compañeros. No es fácil soltar el control. No es fácil arriesgarse a ser rechazado, a estar solo.

Mirad lo que os sucede cuando retrocedéis por complacer a los demás, cuando os negáis o perdéis a vosotros mismos tratando de ser alguien que no sois. Me atrevo a decir que os hacéis más daño a vosotros mismos de esta manera que si saltarais del acantilado y os arriesgarais a ser vistos como diferentes o "raros".

Entrevisté a varios hombres para preparar este libro y algunos de ellos dijeron que se beneficiaron muchísimo de estar en grupos de hombres con ideas afines. Dijeron que compartir su dolor emocional y sus dificultades con otros hombres en un ambiente seguro les ayudó enormemente.

La presencia de personas con ideas afines, que están en el mismo camino, y la sensación de ser vistos y reconocidos es muy valiosa. Eso ayuda, pero el paso más esencial que tenéis que dar como hombres individuales es deshaceros de vuestras propias cadenas. Eso lo hacéis vosotros mismos. ¡Nadie puede hacerlo por vosotros porque el opresor está dentro!

Cuando internamente dejáis ir vuestra necesidad de control, se abre un nuevo mundo. La presencia de personas con ideas afines, o "mostradores del camino", que enseñan con el ejemplo, pueden invitaros y alentaros a hacerlo. Sin embargo, sois vosotros quienes estáis a cargo, sois libres de decidir si escapar de la prisión o no.

Entonces me parece que la comprensión y la valentía son cruciales. Comprender las propias ataduras mentales, hasta qué punto uno ha sido programado para seguir y creer en un conjunto de normas que no coinciden con su verdadera naturaleza, y tener el coraje de salir de esa "matriz".

El coraje nace de la comprensión y el dolor. Cuando sufrís, anheláis que el sufrimiento termine. Cuanto más deseáis alivio, mayor es vuestra sed de conocimiento y comprensión. El deseo es creativo, especialmente cuando proviene del alma. Obtendréis la comprensión que necesitáis y el dolor ardiente del deseo os llevará a un punto de elección. El salto hacia la libertad requiere coraje, pero en el momento en que os lancéis no lo sentiréis como una elección, sino más bien como una rendición. Si realmente veis la verdad, daréis el salto. Cuando realmente os deis cuenta de lo que es la libertad, os volveréis libres.

Entiendo lo que quieres decir. Lo que me llamó la atención de las historias de estos hombres es que a menudo carecían de un ejemplo inspirador de masculinidad madura o basada en el corazón. Cuando hablaban de sus padres, podías notar que no sólo sufrieron de una energía masculina autoritaria e insensible, sino también de padres que estuvieron simplemente ausentes, que "no estaban allí" emocional o espiritualmente. La energía del padre parecía no estar disponible y era débil o insensible, no dura y dominante.

Tanto si tuvisteis un padre autoritario y represor, como si tuvisteis un padre débil y emocionalmente ausente, en ambos casos tuvisteis que lidiar con una energía masculina disociada, que no estaba lo suficientemente conectada con el corazón. Restaurar esa conexión con el corazón es una labor pionera. La mayoría de los hombres tienen que aprender esto por sí mismos y de manera activa buscar maestros inspiradores, libros u otros recursos que los ayuden. Por lo general, la energía de su familia biológica no es inspiradora, es más frecuente lo contrario, y esa es la razón por la que los hombres que se liberan de la camisa de fuerza de la masculinidad tradicional son verdaderos pioneros.

¿Cómo puedes aprender a sentir nuevamente si has sido condicionado a reprimir tus emociones y sentimientos?

Tenéis sentimientos, aunque os hayan enseñado a controlarlos y a mantenerlos dentro. Sentir es un aspecto natural del ser humano. No podéis detenerlo, pero sí podéis reprimirlo. Lo que los hombres deben hacer es dejar de reprimir sus emociones y dejar de juzgarse a sí mismos por tenerlas. Es importante para los hombres soltar la imagen artificial del "hombre de verdad" y apreciar su naturaleza sensible y vulnerable. Soltar la vergüenza y el juicio es el primer paso. Vuestro corazón siempre os habla. Respetad esa voz y daos cuenta de que nada es más poderoso que la verdad del corazón.

Hay hombres que son sensibles y empáticos y siempre se han sentido irritados por el ideal tradicional de la masculinidad dura. Ellos empatizan fácilmente, absorben el sufrimiento de otras personas y asumen mucha responsabilidad, lo que drena su energía y puede enfermarlos.

Esto da testimonio de un exceso de energía femenina desequilibrada y una falta de autoconsciencia. Puede ocurrir tanto en hombres como en mujeres. Si sufrís de esto, es importante que centréis vuestra empatía en vosotros mismos y restablezcáis vuestros límites conectando con vuestras propias necesidades.

Los hombres que conectan fácilmente con su energía femenina pueden sentir y expresar claramente sus sentimientos. El dar en exceso y querer "salvar" al otro, sin embargo, surge de un sentimiento de indignidad y de no poder defenderse. Conectar con vuestro corazón como un hombre sensible puede significar que os volvéis más conscientes de vosotros mismos y más asertivos. La conexión con vuestro corazón restablece el equilibrio energético entre vosotros y el otro, y para algunos eso significa que comienzan a estar más sintonizados con sus propias necesidades y a ser más respetuosos con sus propios límites. Otros pueden necesitar abrirse más al mundo interior de los sentimientos, tanto hacia los propios como hacia los de los demás. La energía masculina del corazón, a la que también me referí como la energía masculina original o primordial, es de gran importancia en las relaciones, tanto para hombres como para mujeres.

En el próximo capítulo, hablaré en profundidad sobre la relevancia de la energía masculina basada en el corazón para el amor, las relaciones y la sexualidad.

9

AMOR, RELACIONES Y SEXUALIDAD

La energía masculina original basada en el corazón es una energía de discernimiento, responsabilidad, libertad, aceptación de la propia individualidad y, por lo tanto, de la propia separación. Puede verse como un don que quiere ser desarrollado. El aspecto masculino superior de nuestra alma nos permite comprender y asumir el rol de la separación en relación con nuestra propia individualidad. Cuando hacemos esto, ya no buscamos seguridad y validación fuera de nosotros mismos.

Ahora hablemos de las relaciones. El deseo humano de "amor verdadero" y de fusionarse románticamente con una pareja ¿es una violación de la propia autonomía individual? El impulso de enamorarse ¿es una señal de un retroceso hacia nuestro niño interior indefenso, que no puede tolerar sentirse separado y desconectado, y se acerca al "otro" para que le aporte seguridad y amor?

La energía masculina superior separa lo que necesita estar separado y establece límites donde los límites son apropiados y beneficiosos. Todavía hay lugar para el amor, pero solo cuando ya no existe más evidencia de una ansia excesiva, apego y posesividad. El impulso exagerado de unificación es en realidad un impulso de muerte, que obstaculiza el crecimiento y la maduración del alma. Esa es la razón por la cual os sentís asfixiados cuando os adaptáis demasiado a otra persona solo para mantener la armonía. Ignoráis el sentido de identidad de vuestra energía masculina superior con el fin de seguir recibiendo confirmación y calidez. Es de extrema importancia que las personas comprendan que esta necesidad desesperada de aprobación es un deseo destructivo que no les ayuda a desarrollarse, sino que más bien se interpone en el camino del amor verdadero. Esto se aplica tanto a los hombres como a las mujeres.

Entonces, ¿tanto mujeres como hombres necesitan desesperadamente la energía masculina original para liberarse de la dependencia emocional adictiva que hace que se subestiman solo para ganar la aprobación y el afecto de otra persona?

Esta dependencia adictiva es una epidemia que causa sufrimiento a toda la humanidad y conduce a relaciones disfuncionales y desequilibradas en todas partes. Comienza en vuestra primera infancia, cuando os adaptáis a las expectativas de vuestros padres y de otros adultos. Durante la pubertad, esta compulsión de adaptaros y cumplir aumenta aún más.

Mientras intentáis liberaros de la autoridad de vuestros padres, sus normas y valores, os enfrentáis a un nuevo desafío, que consiste en cómo encontrar vuestra propia identidad en un entorno social donde la presión de los compañeros, la necesidad de sentirse deseado y tener éxito externo son los nuevos estándares con los que debéis cumplir para ser amados. La pubertad es una de las etapas más difíciles de la vida, porque os veis obligados a construir una identidad como "hombre" o "mujer", mientras que las imágenes de masculinidad y feminidad que se os presentan no están para nada basadas en el corazón. Suelen estar centradas en el éxito externo, en ideas superficiales y románticas sobre el amor, y proporcionan poca comprensión del verdadero significado de la sexualidad y las relaciones.

¿Cuál es el verdadero significado de la sexualidad y las relaciones?

El verdadero significado o potencial de una relación sexual es que abre el alma a una conexión profunda y poderosa con otra alma, que va más allá de las imágenes y expectativas establecidas. Es un salto a lo desconocido, a lo nuevo y a la parte de vosotros mismos que quiere ser vista y conocida. El verdadero amor se guía por el principio de querer "recibir a la otra persona", para conocerla sin juzgarla, para verla con los ojos del corazón. La sexualidad guiada por esta intención basada en el corazón puede dirigiros al amor y a un profundo sentido de conexión que no es pegajoso ni "ciego". Habrá desafíos y problemas, pero la corriente subyacente básica de una relación de este tipo es alegre y arraigada.

La sexualidad es una energía poderosa que se manifiesta en la pubertad como un crudo deseo de unión corporal. Este deseo en crudo no está dirigido hacia la individualidad del otro, sino principalmente a su físico. No está basado en el corazón, pero sí puede ser el comienzo de algo basado en el corazón. El propósito espiritual de la atracción sexual, como se mencionó anteriormente, es atraeros hacia el potencial de crecimiento y amor, y esto comienza con un deseo sexual incontrolable. No podéis reprimir el deseo sexual; es una fuerza demasiado abrumadora para eso. No se puede controlar a través de la mente humana, pero sí se puede controlar a través del corazón humano.

El flujo del deseo sexual atrae a dos personas a unirse. Cuando ellos crecen cerca uno del otro, puede surgir una apertura de corazón a corazón, porque al ceder a vuestros deseos sexuales, también entráis en contacto con el impulso más profundo de unificación y trascendencia de vosotros mismos. El impulso sexual en los seres humanos nunca es puramente físico, aunque parezca de esa manera. Como sois una consciencia y un ser emocional, el contacto sexual con otra persona no puede dejar de tocar una capa más profunda dentro de vosotros, que alberga el deseo de contacto a un nivel del alma, que es de corazón a corazón.

En otras palabras, la sexualidad está destinada a ser una puerta de entrada al corazón y al contacto humano auténtico, pero esto no es lo que te enseñan en la adolescencia. En la educación sexual se hace más hincapié en los aspectos biológicos y sí, también se aborda el aspecto emocional, pero dentro de un marco bastante estereotipado de "cómo son los hombres" y "cómo son las mujeres". En los medios de comunicación, las películas y la cultura popular, los jóvenes se enfrentan a imágenes poco realistas y románticas del sexo y el amor.

El verdadero significado de la sexualidad, no solo se representa de manera insuficiente y sin explicaciones, sino que además hay una falta de conocimiento y comprensión relevantes acerca de la naturaleza del amor. A menudo, los propios padres no saben qué es una verdadera relación de amor y tampoco lo saben los profesores. La educación sexual no va más allá de advertir y dar información sobre los aspectos físicos. Los altibajos emocionales que acompañan al enamoramiento, el desamor y las inseguridades sexuales apenas se abordan, porque la sociedad en su conjunto no sabe cómo hablar de ellos. Muchos tabúes en torno a la sexualidad han desaparecido, pero la verdadera libertad en esta área no consiste tanto en abandonar las estrictas reglas o dogmas, sino en la comunicación genuina y el autoconocimiento.

La sexualidad abre sentimientos profundos, tanto miedos como esperanzas, y para procesarlos tenéis que entender el significado de las relaciones amorosas desde la perspectiva del alma. Al alma no le interesan las visiones endulzadas de la felicidad romántica. Está mucho más interesada en crecer y expandir su consciencia.

¿Qué os dicen al respecto la educación y los medios de comunicación tradicionales?

Los tabúes en torno a la sexualidad se han relajado, pero muchas personas todavía se sienten extremadamente solas en sus relaciones y luchan por dar sentido a las imágenes e ideales que se les presentaron cuando crecieron.

En el área de las relaciones es mucho lo que está en juego. El amor y la sexualidad nos afectan profundamente a todos y tocan la esencia de lo que percibimos como el significado de nuestras vidas. Por ejemplo, confieso haber estado muy enamorada de la idea de la felicidad romántica, la idea de que enamorarse significaba fundirse con un ser amado, una sensación de éxtasis que ayuda a trascender la pesadez y la soledad de la vida.

Intelectualmente, entiendo que soy una persona individual y que en la relación con otras personas necesito respetar sus límites tanto como los míos. Pero en realidad, ha habido una fuerte tentación de trascender todos los límites, especialmente al enamorarse. He observado en mí misma que el deseo de fundirme con otro y sentirnos completamente uno y seguros, al final crea una dependencia destructiva y ocurre la "pulsión de muerte" que mencionas arriba.

Sin embargo, me pregunto si podremos alguna vez resistir esa tentación. Incluso cuando entendemos por experiencia que eso no funciona, el deseo es tan fuerte que volvemos a caer presa de él una y otra vez ¿Somos realmente lo suficientemente fuertes y autónomos como para escapar de esta tentación?

En un mundo agresivo e indiferente, muchas personas anhelan una sensación de conexión. La energía masculina dominante que veis en la sociedad es una energía de control, lucha, competencia y coacción. Como adulto joven se espera mucho de vosotros. Debéis tener éxito, ser sexualmente deseable, controlar vuestras emociones, ser positivo y trabajar duro, solo por nombrar algunas expectativas. Se supone que no debéis seguir el flujo de vuestra alma si ella os desvía de estos ideales supuestamente positivos. Se espera que cumpláis con el orden existente que todavía está bajo las garras de una energía masculina basada en el miedo y centrada en el control. Incluso en sociedades abiertas y democráticas, todavía hay imágenes y expectativas en funcionamiento que os restringen de seguir vuestro corazón.

La falta de una consciencia basada en el corazón refuerza las sensaciones de soledad y falta de sentido en muchas personas. Existe un deseo de "escapar del mundo", y el amor romántico puede ser una forma de escapar de los sentimientos de desesperación y desconexión que muchas personas experimentan.

Sin embargo, si esperáis resolver este dolor existencial a través de una relación en la que vuestro yo auténtico sea visto y amado, y ser libres de la negatividad de la sociedad, entonces subestimáis hasta qué punto "el mundo" ya está dentro de vosotros y de vuestro ser amado. Ese es el verdadero problema. Lo que no os gusta del mundo (la agresividad, la grosería, la indiferencia) ya están dentro de vosotros, especialmente en la forma en que os tratáis a vosotros mismos.

Tanto si sois hombre como mujer, habéis absorbido la energía masculina competitiva y controladora que impregna la sociedad, y solo liberándoos internamente de esta energía, podréis liberaros de las presiones externas del mundo.

Estás diciendo que el deseo de una relación romántica idealizada está alimentado por el predominio social de una energía basada en el miedo, de la que las personas buscan escapar. No nos sentimos en casa en este mundo y esa es otra razón poderosa, o impulso, para buscar el "hogar" en una relación romántica. Pero esa no es la solución.

Sin embargo, mi pregunta era, ¿somos capaces de resistir esta tentación? Veo que la desesperación, la soledad y la pérdida son tan grandes en nuestros corazones que a pesar de todo volvemos a sumergirnos, o no podemos liberarnos, de relaciones desequilibradas que se basan demasiado en la dependencia emocional o incluso en la adicción.

Sí, hay dos opciones. O realmente tomáis consciencia de la verdadera lucha que ocurre dentro vuestro, o continuáis sufriendo y repitiendo patrones de relaciones disfuncionales. En esencia, la elección es simple, paráis o continuáis.

Lo que puede ayudaros a parar es sufrir conscientemente. Con eso quiero decir que podéis observar vuestros propios sentimientos, comportamientos y pensamientos en vuestras interacciones con otras personas, vuestra pareja y también con vuestros amigos, familiares y empleadores. Al observar vuestras reacciones internas, os dais cuenta de vuestros propios miedos, de la compulsión de encajar y hacer lo que otros os dicen que hagáis. Eso os muestra hasta qué punto estáis silenciando a vuestra propia alma. Cuanto más conscientes lleguéis a ser de ello, más comenzaréis a sentir la presencia de vuestra alma, de vuestros pensamientos y sentimientos más auténticos. Una vez que comenzáis a sentir esta presencia viva en vuestras inclinaciones genuinas de la vida cotidiana, la ignoráis cada vez menos. Vuestro deseo de libertad se vuelve mayor que vuestro deseo por la aprobación de los demás. Este es un proceso de nacimiento.

¿Ese proceso de nacimiento disminuye el deseo por el amor ideal, una pareja ideal o un "alma gemela"? ¿Ves este deseo como una ilusión?

Sí, para ambos. A medida que el deseo disminuye, os volvéis más conscientes de lo que es realmente el amor, que es aceptar y comprenderse el uno al otro sin forzar ni consumir al otro para que os dé la aprobación y la seguridad que anheláis. Daos cuenta de que la idea misma de la pareja ideal y definitiva es una noción que puede ser muy angustiante y pone mucha presión en las relaciones. Se basa más en el deseo de amor que en el amor en sí.

Sí, esa es una diferencia importante.

El deseo es un grito por la luz. El amor trae luz a la oscuridad.

El deseo surge de la oscuridad, de la falta de algo, y el amor surge de la luz, de la abundancia. ¿Es el deseo en realidad dolor?

Sí y no. Sí, es doloroso porque sientes que falta algo. Cuando el deseo es querido y está rodeado de miedo, predomina el dolor. Si el deseo surge de una necesidad genuina y proviene del alma, da alegría y se siente positivo, no es doloroso. Lo sentís como una oportunidad o una invitación. Vosotros os sentís felizmente atraídos por él. En lugar de estar impacientes y tensos por alcanzar vuestros objetivos, confiáis en vuestra intuición y estáis en sintonía con el flujo natural que conduce al cumplimiento del deseo.

El deseo de una relación amorosa, por ejemplo, debería estar inspirado por la confianza. De lo contrario siempre hay miedo, impaciencia, contracción.

Sí, el deseo debe provenir de vuestra alma.

¿Y no del ego o personalidad?

El ego no es más que miedo o contracción. No es una entidad separada. No tenéis dos yoes, uno inferior y otro superior, vuestro ego y vuestra alma. Esa es una imagen falsa. Tenéis un solo yo: vuestra alma. Pero hay partes de vuestra alma que están en un estado de ignorancia, miedo y separación. Si vuestro deseo de pareja, casa o trabajo tiene su origen en eso, entonces lo que crearéis o atraeréis no os traerá lo que esperabais.

El miedo no es creativo. Podéis generar muchísima energía usando vuestra fuerza de voluntad y vuestro miedo para perseguir vuestros deseos, pero eso no os traerá satisfacción ni paz, incluso si lográis vuestras metas. Por ejemplo, iniciáis una relación, encontráis una casa bonita y un trabajo respetable, pero al final no os satisface como esperabais. Algo sale mal, o perdéis lo que acababais de adquirir, o bien os sentiréis decepcionados. ¿Por qué? Porque ninguna de estas cosas soluciona el dolor que hay en vuestro interior. El miedo y la sensación de carencia que os motivaban todavía están ahí.

Seguir el deseo de vuestra alma es crear a partir de una sensación de abundancia. No creáis ni atraéis algo para sentiros bien y completos. Es exactamente al revés: como os sentís bien y completos, disfrutáis creándolo. El proceso creativo en sí mismo os da alegría y satisfacción. Sea lo que sea lo que deseéis, haced un examen de autoconsciencia y preguntaos si el deseo por sí solo os trae alegría.

¿Hasta qué punto las mujeres albergan una imagen idealizada del hombre y, por lo tanto, refuerzan el concepto tradicional, dañino y estrecho de masculinidad?

Me alegra que lo preguntes porque esto llega al corazón del asunto. Las mujeres perpetúan el problema de la herida masculina cuando continúan albergando imágenes falsas de "cómo es un hombre de verdad", imágenes que los hombres no pueden alcanzar. Las mujeres pueden herir a los hombres al albergar estas expectativas sobre ellos porque a los hombres les gusta cumplir con las expectativas de las mujeres.

A veces, estas imágenes idealizadas pueden influenciar tan fuertemente la psique de una mujer que ella no ve quién está realmente frente a ella durante mucho tiempo. En sus interacciones con su pareja masculina, ella no ve a ese hombre único, sino al que desea y espera conocer. En algún momento, aparecen grietas en esa imagen: el hombre no está a la altura de sus expectativas. Se ha vuelto humano, exactamente como ella. La pregunta entonces es si todavía hay amor entre los dos, si ambos pueden soltar esa imagen ideal y comunicarse entre sí como personas.

Los hombres también proyectan su imagen idealizada sobre las mujeres. Ellos también tienen expectativas poco realistas. En ambos sexos, estas expectativas y suposiciones tácitas acechan en un segundo plano cuando se toma la decisión de iniciar una relación de pareja. Por ejemplo, un hombre busca el lado dulce y tierno de una mujer, pero se aleja de su lado apasionado y fogoso. Inconscientemente busca su propia energía femenina con la que no está lo suficientemente en contacto y luego espera encontrarla en su pareja femenina, pero no puede verla a ella ni aceptarla por completo tal como es.

¿Existe algo así como la atracción arquetípica o el amor ciego? Con esto quiero decir que como hombre buscas lo femenino esencial en una mujer y como mujer buscas lo masculino esencial en un hombre. ¿Eso significa que estás más enamorado de una imagen que de la persona real?

Esto sucede frecuentemente. Si solo tenéis algún contacto limitado con vuestra alma, podéis anhelar restablecer esta conexión, pero si no sabéis cómo, con frecuencia intentaréis completaros a vosotros mismos a través de una relación sexual. Intentáis haceros completos estando con alguien que irradia una energía opuesta a la vuestra. Puede ser con un género diferente, es decir, la polaridad masculino-femenino, pero también puede ocurrir de otras maneras. Por ejemplo, una persona es extrovertida y exuberante, la otra introvertida y reservada; una es hipersensible y empática, la otra más realista y asertiva.

¿Es esta la atracción arquetípica? Y si es así, ¿cuál es el problema? ¿Acaso no puedes desarrollarte como una persona más completa a través de esta dinámica de opuestos?

Sí, si hay una verdadera conexión a nivel del alma. Entonces la energía de la atracción tiene un carácter distintivo, es de naturaleza más tranquila. Los enamoramientos intensos que ponen todo patas arriba frecuentemente surgen desde una necesidad o un deseo en una persona con una sensación de carencia en lugar de abundancia. La atracción proviene de un magnetismo inconsciente, un enamoramiento que os absorbe por completo y puede volverse obsesivo.

La atracción que se siente a nivel del alma va acompañada de una sensación de alegría. La alegría es del alma. Por supuesto, alguien con algún rasgo de carácter opuesto puede inspiraros. La esencia de una relación amorosa es que ella constituye una forma única en la que otra persona os inspira y muestra el camino para profundizar la relación que tenéis con vosotros mismos. Pero en una atracción arquetípica os enamoráis de una imagen, por ejemplo, la del hombre fuerte, el padre, el protector, el maestro, o la madre-mujer fuerte, la seductora abrumadora, la mujer-niña vulnerable que os necesita.

La imagen es arquetípica y en una relación inmadura deseáis más la imagen que a la persona. Después de un tiempo, esto conduce a malentendidos y a la conclusión que no conocéis a la otra persona y que la otra persona no os conoce a vosotros. No estáis impresionados por la energía del alma del otro, sino por la imagen que os habéis formado de él, en la que se destaca una cualidad o un rasgo de carácter.

Vuestro objetivo original de completaros a través del otro fracasa. Queríais lograrlo transformándoos en uno con el otro. Eso es lo que falla en este tipo de atracción magnética y arquetípica, estáis buscando una unidad que no es posible para los humanos.

¿Qué pasa con otras criaturas?

Hay seres cuya individualidad no está desarrollada y para ellos la simbiosis o la unidad orgánica puede ser una forma muy legítima de existencia. Pensad simplemente en vuestras manos unidas a vuestros brazos. Ellas no pueden existir sin vuestro cuerpo y no poseen individualidad por derecho propio. Vuestras manos son, por supuesto, únicas, pero esta singularidad deriva de vuestro cuerpo vivo. Por sí solas, separadas de vuestro cuerpo, serían cosas muertas. Existe una unidad orgánica entre vuestras manos y vuestro cuerpo animado.

¿Puede haber una consciencia grupal simbiótica en los animales?

Sí, y en su caso es apropiado, porque los animales son únicos en sí mismos, pero no poseen el tipo de individualidad que se encuentra en los humanos.

A veces, deseo en secreto ese tipo de unidad, para ser absorbida en algo más grande, en el otro, en algo que te libere de tu estado de separación. Siempre he tenido ese deseo, y lo veo también en otros.

¿Será que los seres humanos recordamos una unidad simbiótica que inconscientemente anhelamos? No estoy pensando tanto en la unidad entre madre e hijo en el útero, que a menudo no es tan idílica, sino más bien en una conexión grupal a nivel del alma que experimentamos en los reinos celestiales antes de esta vida. Recuerdo algo así, una profunda conectividad en la que sigues siendo tu yo único, pero en absoluto tan separado como lo estás en la Tierra.

No podéis volver atrás en vuestro camino de desarrollo. La conexión a la que te refieres todavía existe, pero eres menos consciente de ella durante una vida en la Tierra. Cuando canalizáis, a veces la sentís muy fuerte y os sentís elevados. Como seres humanos, os sentís conectados cuando hacéis algo que os inspira. Pero cuando nuevamente os hundís en un estado de consciencia basado en el miedo, sentís una vez más la separación.

Entonces empiezas a buscar ese sentido primario de conectividad en una relación y te vuelves sensible a los enamoramientos arquetípicos.

Sí, y entonces sois propensos al mayor error en esta historia romántica de hombre-mujer que vuestras tradiciones os han transmitido: la creencia que no estáis completos y que necesitáis a otra persona, vuestra "media naranja", para estar enteros y sentiros completos. ¿Veis lo que falta? La sensación de ser uno, en y por vosotros mismos, y regocijaros en la libertad individual que se os ha dado.

La energía masculina original dentro vuestro, ya seáis mujer u hombre, os pone en contacto con vuestra libertad incondicional, con vuestro ser único, y os libera de esa sensación constante de carencia, de "no estar completos"que experimentáis. Vuestra energía femenina os permite conectar, vuestra energía masculina os hace conscientes de aquel ser que es el que conecta, que sois vosotros. Cuando realmente sentís a ese ser, a vuestra alma única, ya no queréis fundiros ni disolveros en algo más grande o en alguien diferente a vosotros mismos. Sois el milagro nacido de la Unidad y, al mismo tiempo, una chispa única.

Las relaciones sirven para ayudaros a ser más conscientes de vosotros mismos. No son una solución fácil para el agujero que sentís en vuestro corazón. Si esperáis eso, os desilusionaréis. Los sentimientos de color de rosa se derrumban cuando superáis la atracción que teníais al principio, cuando las imágenes idealizadas que teníais aún no se confrontaban con la realidad del día a día. Una vez que profundizáis, veis el dolor en el otro y os dais cuenta de que no podéis "arreglarlo". Tenéis que entender esto y entender que vuestra pareja es incapaz de ser vuestro "hombre o mujer ideal".

¿"El agujero en el corazón" está relacionado con el miedo a estar solo?

Esencialmente tiene que ver con el miedo a estar desconectado.

Este es el más grande de todos los miedos. Sentir el dolor de la separación: ese es vuestro fantasma. No se trata de estar físicamente solos. Podéis estar solos y aun así sentiros conectados, al igual que podéis estar con otros y aun así sentiros separados.

Entonces ¿el dolor de la separación no tiene nada que ver con otras personas?

Hay un dolor metafísico de la separación que debe resolverse en un nivel metafísico. En palabras simples, hay un dolor interior que nadie ni nada fuera de vosotros puede quitaros. Necesitáis resolverlo entendiendo y experimentando que sois parte del Todo, sois uno con Dios o la Fuente y no os estáis "transformando" en el Todo o en el Uno. La idea de "transformarse" es un error. No tenéis que trabajar por la unidad o el amor, porque os son dados.

Además del dolor metafísico de la separación, también puede haber dolor humano que surge de la falta de contacto significativo con los demás. Podéis tener contacto humano que realmente no os nutra. Esto es doloroso porque, como ser humano, es natural para vosotros compartir vuestros sentimientos y comunicaros con los demás.

¿Cuál sería una cantidad normal de contacto? Eso me parece impreciso, porque me gusta estar sola y además lo necesito, al igual que muchas personas sensibles, pero también tengo una fuerte necesidad de comunicación significativa. ¿Cómo podemos saber si esa necesidad es natural o si surge de un dolor metafísico que no hemos procesado?

Lo que realmente importa de cualquier contacto que tengáis es cómo eso os inspira o invita a expresaros. Eso es lo que determina hasta qué punto os sentís realizados. Existe una necesidad genuina de comunicación entre las personas, de amistad, de compartir experiencias y de apoyarse y alentarse unos a otros. En otras palabras, una vez que hayáis superado el dolor interior de la separación, todavía tendréis una necesidad natural de interactuar con otras personas. La cantidad o la frecuencia no es fija, depende de vuestro carácter único y de vuestras propias necesidades.

Pero ¿qué pasa si falta ese tipo de contacto porque las personas que te rodean, incluso tu familia o pareja, no son capaces de dártelo, por ejemplo, debido a su carga emocional? ¿Qué hacer si no conoces a suficientes personas afines?

Cuando ya no luchéis tanto con el dolor interior de la separación, el dolor metafísico, entonces os sentiréis en paz y seguros de vosotros mismos. No lo tomaréis como algo personal si la gente no os entiende, incluso si os juzga, o si os agota con sus penas emocionales, sino que empezaréis a conocer personas cuya frecuencia resuena con la vuestra, que están dispuestas y deseosas de comunicarse con vosotros desde el corazón.

También puede ocurrir que te encuentres con un alma afín y haya una fuerte atracción y fascinación, pero después de un tiempo relativamente breve resulta que la conexión crea demasiados altibajos emocionales. Los sentimientos son intensos, pero la relación no puede evolucionar de forma constante y realista.

Tengo dos opciones en mente. Primero, te enamoras de alguien que representa un arquetipo para ti, por ejemplo, una figura paterna o materna. Te enamoras de la imagen que tienes del otro más que de esa persona que es única. En tu fantasía, él o ella es el padre o la madre que nunca tuviste y al que echaste tanto de menos. El padre que era cálido y comprometido, la madre que era dulce y amorosa.

La segunda posibilidad es que te enamores de alguien que conoces de una vida pasada y con quien tuviste una relación intensa y complicada en la que las cosas quedaron inconclusas. Sentís una atracción magnética el uno por el otro, irresistible, a veces obsesiva, y se siente familiar e íntima. Se siente como amor. Pero si sigues esa corriente, pronto te encuentras con problemas, confusión, conflicto y, muchas veces, es imposible estar juntos por razones prácticas o emocionales.

A veces, si esas dos posibilidades se unen, entonces hay un enamoramiento arquetípico y un reconocimiento kármico. ¿Cómo deberíamos considerar este tipo de encuentros?

Esto no es amor verdadero. Lo que describes como una atracción o flujo energético irresistible, que tiende hacia lo obsesivo, es una corriente que os conduce a un abismo en lugar de un proceso enraizado de llegar a conoceros el uno al otro en profundidad. Este último proceso lleva tiempo y se beneficia del descanso y la relajación, no de la urgencia y la obsesión.

La energía del trauma no resuelto está en esa atracción magnética y coercitiva, pero lo que os une no es el amor mutuo, es el fuerte impulso de ambas almas de resolver asuntos pendientes. Sin embargo, cada uno de vosotros tenéis que hacer esto por vosotros mismos. En este tipo de relaciones, frecuentemente existe la necesidad de dejar ir al otro. Hay algo que necesitáis resolver por vosotros mismos, y tenéis el desafío de hacerlo a través del *encuentro* con el otro, pero no podéis hacerlo *con* el otro.

El amor genuino tiene como objetivo descubrir algo nuevo. El enamoramiento obsesivo, arquetípico o kármico apunta a descubrir algo viejo que quiere ser resuelto.

Eso suena claro en el papel, pero en la práctica es difícil hacer la distinción correctamente porque ambos sienten que se están enamorando.

Hay una gran diferencia. Pocas personas saben lo que es el amor verdadero. Puede haber amor verdadero en sus vidas, pero no pueden reconocerlo. Están acostumbrados a relaciones llenas de drama. Esto se debe a que nunca han tenido un ejemplo claro de lo que constituye una relación amorosa.

En muchas relaciones hay un constante tira y afloja. Las promesas incumplidas son una fuente de tensión y conflicto en la mayoría de las relaciones porque los cónyuges o amantes desean algo de sus parejas que ellos no pueden darles. Lo que los perturba y que es responsable de la tensión es lo que yo llamo "el ideal del Amado Natural". Quienes proyectan este ideal creen en una ilusión que es extremadamente persistente y trae drama y malentendidos a sus relaciones. Mientras no veáis lo que realmente ocurre a través de esta situación, no podéis construir una relación basada en el amor.

¿Entonces es raro el amor verdadero?

Sí.

¿Qué es ese "ideal del Amado Natural"?

Es la idea que vosotros "naturalmente" pertenecéis a alguien, que hay alguien que naturalmente se ajusta a vosotros y os complementa y "os hace completos". Esto es un error. Es mejor considerar a la otra persona como un misterio, como "desconocida, pero fascinante de conocer".

Si creéis en el "Amado Natural", no estáis abiertos a las nuevas experiencias que trae el amor. Queréis asimilar a la otra persona y encajarla en vuestro marco de ideas preconcebidas. Queréis llenar el vacío dentro de vosotros y hacerlo asumiendo una familiaridad que aún no está garantizada ni apropiada.

Hay un pensamiento mágico en juego aquí: el deseo de ser completamente vistos y comprendidos. La creencia en un "Amado Natural" y el deseo de tenerlo cumplen vuestra fantasía. Pero esta fantasía es infantil e irreal. Si os acercáis a la otra persona con esta fantasía en mente, vuestro punto de partida es, de hecho, egoísta. No queréis conocer a la otra persona, queréis que la otra persona satisfaga vuestras necesidades y asumís que él o ella "naturalmente" tiene las habilidades y cualidades adecuadas para hacerlo. Es como si pensarais que la otra persona ya os conoce.

Cuando lo dices de esa manera, es muy miope.

Lo digo sin rodeos para ayudaros a tomar consciencia de una trampa que hace que muchas relaciones se rompan. En efecto, es miope. Sin embargo, lo importante es que os deis cuenta de por qué lo estáis haciendo, cómo lo notáis dentro de vosotros mismos y luego liberarlo.

¿Por qué estamos haciendo esto?

Porque no os conocéis, no os amáis y no os entendéis a vosotros mismos lo suficiente. El anhelo de ser conocido o visto es un anhelo auténtico. Subyace a todo crecimiento espiritual. Es el propósito del alma volverse más y más consciente de sí misma.

La necesidad de amor, el anhelo de ser conocido y visto de una manera profunda y compasiva es un deseo natural y espiritual en los seres humanos. Pero debido a que habéis olvidado cómo satisfacer esta necesidad dentro de vosotros mismos, y como vuestra crianza y educación están demasiado centradas en obtener conocimiento del mundo exterior, el deseo natural de autoconocimiento se convierte en un deseo por el "Amado Natural".

Sí, ahora lo entiendo.

Sed conscientes de que el mayor desafío para vosotros como seres humanos y como almas, es conocer todos los aspectos de vosotros mismos. Este es el camino del alma, la meta del viaje del alma a través de todas sus encarnaciones, y el viaje nunca termina. Adquiere formas de expresión cada vez más ricas. Es un camino alegre siempre que os consideréis a vosotros mismos como seres especiales y encantadores por descubrir y comprender. Deberíais estar enamorados de vosotros mismos. Esa es la gran invitación de la vida. Conocer a un ser amado puede despertar este éxtasis por vosotros mismos, por lo especial y únicos que sois, y estimular vuestro deseo natural de crecimiento espiritual. Ese es el significado del amor y del amor romántico en particular.

¡Hermoso! ¿Cómo podemos darnos cuenta de esto antes que sea demasiado tarde, antes que proyectemos el ideal del Amado Natural en nuestra relación y, por lo tanto, bloqueando o saboteando un intercambio real?

La idealización es contraproducente porque crea tensión

cuando la hacéis. Esta tensión proviene de una expectativa que evoca la idealización. La expectativa crea tensión. Eso es lo primero que falla.

Luego está la imagen detrás de la expectativa. El contenido de la imagen puede diferir según vuestro origen cultural o edad. Pero sea cual sea el contenido específico, el otro debe cumplir con vuestra imagen idealizada de masculinidad o feminidad, y esa imagen no se basa en lo que vuestra alma quiere, sino en lo que vuestra personalidad considera deseable. Estas falsas expectativas lastiman al otro porque ignoran su verdad o yo único, quién es realmente, con sus propias partes de luces y sombras. Es más, las expectativas crean una tendencia a juzgar al otro y, por lo tanto, invocan el dolor del rechazo.

¿Cómo te das cuenta de si estás proyectando imágenes idealizadas o arquetípicas en tu relación, que causan tensión y dolor?

Observad vuestras fantasías acerca de la relación. ¿Cuál es vuestra máxima fantasía o expectativa acerca de ella? ¿Qué os aporta el otro? ¿Qué sentimiento evoca eso? Si vuestras fantasías son (muy) convincentes, prestad atención. La cualidad del Amor no es arrolladora ni grandiosa, ni viene con gran fanfarria. El amor es conmovedor, esclarecedor, sorprendente, tierno, confronta, revela. El amor está relacionado con la paciencia, con estar ahí para el otro, sin juzgar y no tanto con querer que todo sea "mejor", sino más bien con estar presente con "lo que es".

El amor es alegre, está muy alejado de la locura que a veces asociáis con estar enamorado. No es un fuego abrasador, sino una llama suave que difunde su luz silenciosamente. No es un éxtasis salvaje, sino un conocimiento tranquilo arraigado en el presente, iluminando tanto el pasado como el futuro.

Enamorarse es emocionante y refrescante, pero no hay que glorificarlo. Es un juego en el que os liberáis a vosotros mismos de vuestra zona de confort y os experimentáis y veis de una manera diferente a la que estabais acostumbrados. Esto puede ser extremadamente enriquecedor, pero si hacéis que la otra persona sea demasiado especial, perdéis el control de la realidad y el50áis al otro a un lugar de autoridad cuyo juicio os hace o bien os deshace. Entonces os habéis convertido en esclavos. Eso es lo opuesto a ser libre e innovador.

Primero está la emoción y la anticipación del amor y luego está el miedo a perderlo. ¿Qué sucede después?

No estáis siendo fieles a vosotros mismos. La alegría y el desarrollo personal obtenidos disminuyen tan pronto como comenzáis a tomar el juego demasiado en serio y veis a la otra persona como la solución a vuestros problemas.

¿Acaso el deseo original de contacto real da paso a una especie de deseo infantil de una solución que proviene del exterior?

Sí.

Luego tienes la historia o el ejemplo de una mujer que ve a su padre, que no pudo satisfacer sus necesidades de la infancia, en su amante, y que finalmente él las satisface para ella, o un hombre que ve en su amante a la madre ideal que nunca tuvo en la vida real.

Sí, eso es posible.

¿Este deseo de fusionarse con un otro acrítico y el impulso de idealizarlo también surgen del condicionamiento que hemos experimentado como hombres y mujeres?

Sí, por supuesto. Si cuando crecéis os han enseñando, como niñas, a poner la energía masculina fuera de vosotras, y como niños, a poner la energía femenina fuera de vosotros, es un caldo de cultivo para deseos intensos y poco realistas de "la otra mitad", y durante todo ese tiempo la otra mitad ya está dentro de vosotros.

Como hombre tenéis energía femenina, y como mujer tenéis energía masculina, ambas son parte de vuestras almas, por lo que ya son "vuestras". Pero la energía de otra persona no es "vuestra", y por lo tanto nunca puede completaros, ni está destinada a haceros sentir completos. Las relaciones amorosas tienen como finalidad despertaros a vuestro propio potencial, vuestra propia sanación interior, no perder vuestro sentido de identidad en un intento de convertiros artificialmente en "uno" con otro.

Es un deseo destructivo, lo entiendo. Es regresivo en lugar de progresivo, más como un estado infantil, que se siente ilimitado, el niño no siendo todavía consciente de su propia identidad separada y sus límites. Cuando traemos esa energía a una relación, en lugar de la energía de límites adultos bien definidos, crearemos problemas.

Pero también existe una fuerte atracción sexual entre hombres y mujeres, que conduce a una especie de intoxicación. Junto con el mito del Amado Natural, existe una mezcla de atracción física y psicológica a la que es difícil resistirse. ¿O deberíamos separar la atracción sexual del deseo infantil de ser sanado y "completado" por otro?

La sexualidad no tiene por qué llevar a la intoxicación. La sexualidad puede ser ligera y placentera, un deleite para los sentidos y un alimento para el alma. Pero tan pronto como proyectáis algo sobre ella, especialmente el deseo infantil de una madre o un padre plenamente presentes, la dependencia destructiva puede surgir en uno o ambos miembros de la pareja. Os hacéis vulnerables al rechazo, el cual golpea con fuerza, y eso ocurrirá inevitablemente, porque la otra persona nunca será la pareja perfecta de vuestros sueños.

Él o ella es un ser humano con un pasado propio, dolores y sensibilidades, que inconscientemente puede proyectar expectativas sobre vosotros que no podréis cumplir. Frecuentemente, se trata de una imagen idealizada que no podéis alcanzar. Se vuelve imposible cumplir con sus expectativas y viceversa. La ligereza desaparece de la relación, queda una pesadez que crea reproches y malentendidos y aleja a los miembros de la pareja.

Para volver a la noción con la que comenzamos este capítulo, en la pareja ya no se respeta la libertad y la individualidad de la otra persona. Cuando los miembros de la pareja proyectan imágenes idealizadas sobre el otro, el otro es visto más como una figura arquetípica en lugar de una persona viva y única.

En efecto. Esto demuestra cómo el condicionamiento de un hombre o una mujer os impacta negativamente. Si os identificáis demasiado con ser un hombre o una mujer, en lugar de con vuestra humanidad única, entonces siempre estáis buscando a vuestra media naranja. Semejante búsqueda es una ilusión. No existe otra mitad, punto.

Es precisamente cuando abrazáis vuestra propia totalidad como alma única que preparáis el camino para conexiones abiertas, inspiradoras y satisfactorias con los demás, ya sea en una relación sexual, profesional o de amistad.

PARTE 3

CUATRO MEDITACIONES SANADORAS

En la siguiente sección encontraréis cuatro meditaciones canalizadas sobre la energía masculina que recibí durante un taller de fin de semana para hombres que realicé con el coach y formador Bouke de Boer. Las canalizaciones están dirigidas principalmente a los hombres, pero su contenido también es relevante para las mujeres y las meditaciones son también provechosa para ellas. Si sois mujeres, al hacer las meditaciones podéis conectar con vuestra propia energía masculina e imaginarla tomando la forma de un niño o un hombre interior.

10

EL NIÑO ORIGINAL EN VOSOTROS

Soy Jeshua. Os hablo desde un campo de consciencia que es más grande que todos vosotros. Como almas, estáis conectados a una fuente de amor y unidad que es el origen de toda vida. Simplemente sentidla. Permaneced presentes en ella desde vuestro corazón.

Estar presente desde el corazón no es algo evidente. La consciencia masculina ha sido expulsada fuera del corazón. En el transcurso de vuestra infancia, todos vosotros habéis aprendido lo que significa ser un hombre. Pero a medida que crecéis, desde la niñez hasta la edad adulta, ciertas partes de vosotros se han cerrado, ya no están accesibles.

Os invito a conectaros con vuestro cuerpo ahora. Vuestro cuerpo es un campo de energía, no es una cosa ni un trozo de materia. Hay una enorme cantidad de información almacenada en ese campo, que también incluye emociones solidificadas y viejas formas de pensar. Vosotros sois la consciencia que contiene este campo.

Os invito a conectar con vuestro cuerpo y llevar vuestra consciencia hasta el corazón. Luego, sumergid vuestra atención en vuestro abdomen. Dad un paso atrás y dejad de lado todo lo que os rodea, incluso las personas que están cerca de vosotros. Soltad todos los pensamientos y preocupaciones que puedan surgir.

Llevad vuestra atención a vuestro centro y sentidlo en el coxis. Hay un punto base en vuestro campo de energía en la parte más baja de vuestra columna vertebral. Centrad vuestra atención allí y respirad desde ese lugar. Estáis protegidos, estáis a salvo. Os está permitido sumergiros en vosotros mismos y distanciaros de todo lo que está fuera de vosotros. Sentid cómo necesitáis descansar dentro de vosotros mismos. Tomad consciencia de vuestros pies y del suelo debajo de vuestros pies. Sentid la tierra viva debajo vuestro y moveros aún más profundo hacia vuestro interior. Este es vuestro campo, vuestro espacio interior. ¡Esto es vuestro! Sois la consciencia que envuelve este campo. Estáis a salvo. Vuestra consciencia es parte de un Todo significativo. No estáis solos. Estáis conectados.

Aunque estáis conectados a una parte de un Todo mayor, también necesitáis valeros por vosotros mismos, ser maestros de vuestro propio campo. Vuestro campo de energía está lleno de pensamientos, sentimientos, esperanzas, dolores y deseos. Vuestra consciencia no solo está equipada para sostener y abrazar este campo, sino también para transformarlo. Estáis aquí en la tierra, en esta vida, con una misión, una misión interior. Esa tarea es un secreto y descubrir el secreto de vuestra misión es una aventura. No hay respuestas previamente preparadas. Sois aventureros en vuestro camino de vida descubriendo vuestros propios secretos. Una clave importante para encontrar vuestro camino único, vuestro secreto, es ir dentro de vosotros, volver al niño que una vez fuisteis.

Dentro de vosotros hay un niño que aún no ha sido tocado por las influencias del mundo exterior, los pensamientos limitantes y los patrones opresivos que os fueron impuestos cuando erais pequeños. Hay un niño original que es libre y aún vive dentro de vosotros. Os invito a conectaros con este niño. Quizá se esté escondiendo. Todos vosotros tuvisteis que ocultar los aspectos originales de vosotros mismos, que fueron considerados demasiado salvajes para los de fuera, haciéndoos sentir que no encajabais. Buscad la parte rebelde que tuvisteis que mantener al margen, la parte contra la autoridad que no quería cumplir con reglas que le parecían inútiles o injustas. Es posible que experimentéis esta parte rebelde indirectamente en la vida cotidiana a través de sentimientos de insatisfacción, irritación o frustración. A menudo no os dais cuenta de dónde provienen esos sentimientos.

La sensibilidad del niño original también puede haber sido oprimida. La sensibilidad, la empatía y la compasión pertenecen a vuestra energía masculina original. El niño sentía y percibía las influencias de sus padres y las otras personas cercanas a él, y eso, en algún momento, enseñó al niño a restringir, reprimir y controlar sus sentimientos. Tuvo que cortar esta parte de sí mismo, porque no era bienvenida. Después de todo, se supone que un hombre tiene que ser fuerte, poderoso y tener el control.

Os pido que os conectéis con vuestro niño interior que está más impaciente por mostrarse ante vosotros ahora. Comprobad si podéis ver a un niño dentro de vuestro espacio interior que os pertenece completamente, es parte de vuestra alma. Invitadlo a acercarse y observad la expresión de su rostro. ¿Qué quiere deciros? ¿Es testarudo y rebelde, es poético y creativo, está triste y solo, o enfadado y travieso? Saludadlo. Él quiere que lo veáis y lo conozcáis, porque él es una parte muy pura de vosotros que necesita ser expresada.

Ahora preguntadle a ese niño: "¿Qué es lo que más te molesta o te pesa? ¿Cómo puedo ayudarte a expresarte libremente?". Decidle que le dais la bienvenida y que ya no necesita esconderse. Dadle a este niño un lugar en alguna parte de vuestro campo energético dentro de vuestro cuerpo. ¿Dónde quiere estar? ¿En vuestro corazón? ¿En vuestras piernas? ¿En vuestro estómago? Él os ayuda a reconocer y tomar consciencia de la energía de vuestra alma. Una vez que ya no lo reprimáis, él puede ser vuestro guía.

Durante este tiempo de gran caos en la Tierra, es importante que las personas, tanto hombres como mujeres, restablezcan el contacto con su ser original, su alma. En lugar de estar determinados por el pasado, dejaos guiar por las nuevas semillas que quieren brotar y florecer. Cuando hacéis vuestro trabajo interior y descubrís y seguís vuestro propio camino de vida, contribuís al todo mayor. No estáis haciendo esto solo para vosotros mismos. Estáis allanando un camino para otros. Sois pioneros. ¡Sentíos orgullosos de vosotros mismos! Confiad en vosotros y honrad vuestra valentía.

11

HACIENDO LAS PACES CON LA ENERGÍA FEMENINA

Soy Jeshua. Os hablo desde un campo unificado que os rodea a todos. Estoy conectado con vosotros como alma, como un ser que trasciende vuestro cuerpo. Vuestra alma está presente en este campo más allá del tiempo, el espacio y la materia, y el campo os impregna en el aquí y el ahora. Se le han dado muchos nombres a este campo, amor, consciencia, Dios, pero en realidad no hay palabras para describirlo. Se manifiesta como un campo de paz y atemporalidad y para vosotros es posible respirar y relajaros en él.

Este campo de consciencia está íntimamente entrelazado con la realidad de la Tierra y con todo lo que sucede allí. Sois parte de este campo y de la transformación que la Tierra está atravesando. La consciencia de la humanidad está cambiando, impulsada por profundas crisis. La gente en la Tierra está sufriendo física y mentalmente. La naturaleza también está sufriendo. Como ser humano en la Tierra, una de las cosas más profundas por las que sufrís es por la sensación de estar aislados y desconectados. Buscáis la conexión con otros, una pareja, un amigo, gente con ideas afines, pero al mismo tiempo, estáis desconectados de vuestro Ser, de vuestra propia alma, y eso es lo que más os duele.

Cuando todo vuestro ser está en contacto con este campo a través de vuestra alma, os sentís cálidos y seguros en vuestro interior. Solo cuando estáis conectados a este campo divino de unidad es cuando os sentís anclados y en casa dondequiera que estéis, porque el Hogar está dentro de vosotros.

Os invito a reconectaros con vuestro núcleo esencial, vuestra alma. Dirigid vuestra atención hacia adentro y tomad consciencia de vuestro cuerpo, de la tensión en vuestros músculos y de la inquietud en vuestra mente. Si os concentráis conscientemente allí durante un breve instante, podréis sentir que la tensión, la ansiedad o el dolor son solo una parte de vosotros, no es todo lo que sois. Sois más que eso. Sois más grandes y vastos que cualquier cosa que os esté molestando en este momento.

Tomad consciencia de vuestro cuerpo y respirad conscientemente en vuestro abdomen. Sentid el suelo bajo vuestros pies, es la Tierra la que os sostiene y lleva. No estáis solos. Cuanto más profundo vayáis hacia vuestro interior, más cerca estaréis de quién realmente sois. Estáis conectados con todo lo que existe, inseparable e íntimamente vinculados a toda la Creación y aún así, sois únicos. No existe nadie igual a cada uno de vosotros. Habéis recorrido vuestro propio camino, vuestra luz brilla de una manera que es únicamente vuestra, como una huella dactilar. Vuestra divinidad única es el regalo más preciado que poseéis y el regalo más preciado que dais a los demás. Es vuestra misión descubrir vuestra luz, el resplandor único de vuestra alma. Conocer y expresar vuestro Ser os traerá la mayor alegría imaginable.

Hoy estamos hablando de masculinidad y energía masculina. Simplemente preguntaos esto: ¿es mi energía masculina un canal para mi alma o bloquea el flujo hacia afuera de la energía única de mi alma? La energía del alma fluye fuera de vosotros a través de vuestra personalidad terrenal, el campo de energía y el cuerpo. La meditación del capítulo anterior se trataba del niño que hay en vosotros, el niño que aun está libre de influencias externas, que está conectado con vuestro verdadero ser.

Observa cómo vuestros padres fueron el modelo de la energía masculina y femenina. Vuestro padre, o alguien que lo reemplazó, actuó como vuestro primer modelo a seguir sobre cómo expresar la energía masculina. Volved a ser el niño joven y puro que está dentro de vosotros, libre y desinhibido, y mirad a vuestro padre a través de sus ojos. Concentraos en sentir la energía de vuestro padre y cómo os afectó emocionalmente. Sentid si él sufrió por ser un hombre. ¿Tuvo que restringirse debido a las expectativas y obligaciones externas? Sentid su dolor y su lucha interna, pero manteneos al margen de ello. Miradlo, pero daos cuenta de que no es vuestro trabajo repararlo. No es vuestra lucha. Nunca lo fue y tampoco lo es ahora. ¿Qué se le enseñó a él de cómo ser masculino y qué fue lo que él os transmitió a vosotros? ¿Qué le impidió ser él mismo, expresarse? Observad cómo os afectó eso. ¿Qué impronta masculina dejó eso en vosotros?

Ahora entrad en vuestra área del corazón y sentidlo de manera energética. El centro del corazón del niño original está abierto, permitiendo que las energías femenina y masculina estén igualmente presentes. El aspecto femenino del corazón tiene que ver con la conexión, la empatía y el acercamiento a los demás. El aspecto masculino tiene que ver con la autoconsciencia, la claridad, el establecimiento de límites y el autocuidado. La energía masculina del corazón se caracteriza por su capacidad de concentración y discernimiento. ¿Fueron esas cualidades modeladas por vuestro padre cuando estabais creciendo, o tuvisteis que adaptaros a sus reglas y expectativas? En otras palabras, expectativas de una figura autoritaria externa. ¿Qué le pasó a vuestra energía masculina mientras crecíais?

Los hombres llevan en su interior una carga psicológica colectiva. Históricamente, se les enseñó a reprimir sus sentimientos. Su responsabilidad era proteger a los demás. Como cabezas de familia, se esperaba que fueran líderes. Si estallaba la guerra, tendrían que abandonar sus hogares e ir a luchar para defender a su país. Los hombres trabajaban para mantener a sus familias y, cuando los llamaban a formar parte del alistamiento militar, iban a la guerra como soldados.

En situaciones como estas, los hombres tenían que reprimir sus sentimientos al menos parcialmente. Para seguir a una autoridad externa (empleador, jefe, político, líder del ejército) tuvieron que ser obedientes y, al mismo tiempo, reprimir su propio sentido de la verdad y la creatividad. Si bien la energía masculina original del corazón tiene que ver con la autoconsciencia y velar por la manifestación de vuestro verdadero yo, existe una herencia colectiva inculcada en los hombres que les exigía ser disciplinados y reprimir sus sentimientos. Se les enseñó a adaptarse a la sociedad y a ser "hombres buenos y responsables" que sirvieran a los intereses de la familia, la empresa y el país.

Esta carga psicológica que debían soportar cortó la conexión con su fuego original y también sus aspiraciones de conectarse con la energía masculina basada en el corazón. Así fue como se creó la apariencia del "hombre bueno". El hombre bueno e ideal era un trabajador disciplinado, un seguidor que servía a diversas autoridades mundanas fuera de él y, además, un hombre que podía controlar sus emociones y cerrar su corazón. Esta expectativa de actuar siempre como el "hombre ideal" restringía y encarcelaba a los hombres, especialmente a los sensibles, y los obligaba a entrar en una caja donde su alma se marchitaba y su energía vital se agotaba.

Detrás de esta máscara que se veían obligados a llevar, al final se acumulaban emociones como la ira, la amargura y el resentimiento. Podían ser conscientes de su enojo y frustración, pero les resultaba mucho más difícil entrar en contacto con el dolor subyacente de tener que negarse constantemente a sí mismos, y mucho menos, con la tristeza de estar desconectados de su corazón y su intuición. Precisamente porque estaba prohibido para los hombres ser débiles o vulnerables, a ellos les resultaba más fácil sentirse enojados y frustrados en lugar de sentir el dolor y la tristeza subyacentes. Sin embargo, es de vital importancia que los hombres estén en contacto con esta herida.

Cuando abrís vuestro corazón a vosotros mismos y enfrentáis el sufrimiento que encontráis allí, os reconectáis con vuestra energía masculina superior.

Abrir vuestro corazón es también la manera de permitir que vuestra energía femenina regrese a vuestra consciencia. Como seres humanos y como almas, lleváis dentro de vosotros ambas energías, la masculina y femenina, y las necesitáis a las dos. No es saludable reprimir una e identificarse completamente con la otra.

Os invito a conectaros con vuestra energía femenina en vuestra imaginación y verla como una mujer en un escenario. Podríais llamarla vuestra "mujer interior", que representa la parte femenina de vuestra alma y os pone de nuevo en contacto con vuestros sentimientos y sensibilidad. Vuestra mujer interior está en contacto directo con vuestra energía masculina basada en el corazón. A nivel del corazón, lo masculino y lo femenino van de la mano. Mirad a esta mujer a los ojos y sentid su energía tal como lo hicisteis con el niño. Pedidle que salga de su escondite y se muestre ante vosotros. Dadle la bienvenida. Sentid la chispa del reconocimiento y la familiaridad. Ella es parte de vosotros y vive dentro de vuestro corazón.

Observad con atención su apariencia. ¿Está feliz y en paz, o solitaria y angustiada? Al principio, puede que os sintáis incómodos con ella. Puede que hayáis sido influenciados negativamente por el tipo de feminidad que os fue presentada en el pasado, ya sea por vuestra madre u otros modelos femeninos en vuestra vida. Podéis dejar eso atrás ahora, soltarlo, y permitir que esta energía femenina única que está ante vosotros se presente espontáneamente de la manera que sea más adecuada para ella.

Esta parte femenina que os pertenece quiere deciros algo. Quiere ser vista e integrada en vosotros nuevamente. Ella lleva una sabiduría intuitiva que tuvo que ser reprimida. Es *vuestra* intuición. Dejadla que, a través de una palabra, un gesto o un sentimiento, os diga lo que es importante que sepáis en este momento de vuestras vidas. Haced las paces con ella.

Si por alguna razón tenéis dificultades para dejar entrar la energía femenina, usad vuestra imaginación para percibirla como una niña pequeña, de manera que podáis sentir su luz e inocencia. Es posible que vuestras dudas a la hora de abrazar la energía femenina se deban a que os habéis sentido amenazados por ella en vuestras relaciones pasadas con mujeres y, como resultado, os resulta difícil conectar con vuestro propio lado femenino. Cuando experimentáis esta energía femenina como una niña, os resulta más fácil conectar con ella. Tomad a esta niña pequeña de la mano, llevadla a vuestro corazón y abrazadla.

Las energías masculina y femenina originales no están en conflicto entre sí. Están destinadas a complementarse y apoyarse mutuamente. Dejad que el niño que habéis conocido antes se una a la niña, e imaginadlos a ambos dentro de vuestro corazón ahora. Están acercándose el uno al otro y disfrutando de la mutua compañía. Permitid que esta reunión genuina de lo masculino y lo femenino tenga lugar dentro de vosotros. Adueñaos de vuestra energía femenina y seréis hombres libres.

12

DAD LA BIENVENIDA A VUESTRA ENERGÍA ORIGINAL

Soy Jeshua. Os hablo desde un campo de unión, un campo de luz y unidad que nos conecta como almas.

¿Qué es el alma, en realidad? Parece como un misterio insondable. El alma es la fuente de la vida. Vuestra alma ha elegido la vida en la que estáis ahora, una vida en la tierra, una vida como hombre o mujer. Vuestra alma está sedienta de experiencia, quiere vivir la vida plenamente. El alma no juzga en términos de bueno o malo, ni evita el dolor que la vida puede traer. Quiere experimentar las alturas y las profundidades, y así obtener conocimiento sobre la vida en la tierra.

Entrad en contacto con vuestra propia consciencia y sentidla, es un campo vivo. Hay una consciencia en vuestro interior que observa sin juzgar, siempre fresca, alerta y abierta. Tomad consciencia de ella en el nivel físico. Imaginad que todas las células de vuestro cuerpo, desde arriba hasta abajo, están infundidas con esta consciencia viva. Sois un campo vivo de consciencia. Sumergíos más profundamente en vosotros mismos ahora y centrad vuestra atención en vuestro pecho, vuestro corazón. Dejad que vuestra mente sea lo más neutral posible. No necesitáis nada. Solo respirad y sed. Disfrutad del silencio. A medida que os sumergís en este espacio, experimentáis cuán vasta es vuestra consciencia. Sois viejos y sabios; mucho más sabios de lo que creéis.

En la vida cotidiana, estáis preocupados por vuestros asuntos y emociones, empantanados por viejos patrones de pensar y sentir. Pero vuestra consciencia sabe intuitivamente el propósito de vuestra vida. Respirad en vuestro abdomen, vuestro coxis o chacra raíz y dejad fluir vuestra consciencia hacia vuestras piernas y vuestros pies. Sentid cuán bienvenidos sois en la tierra. Vuestra alma, vuestra consciencia quiere estar aquí. Hay un "Camino" para vosotros aquí, pero para encontrarlo, primero debéis aceptar que estáis donde estáis. Vuestra alma no juzga eso. A veces creéis que os habéis desviado del camino, que no habéis logrado "cumplir vuestra misión", pero vuestra alma no lo ve así. Vuestra alma quiere explorar todo y considera valiosa toda experiencia humana.

Cada uno de vosotros comparte un profundo anhelo de plenitud y muchos de vosotros la buscáis, junto con el deseo de sentiros en Casa en una relación amorosa. Pero, precisamente, como vuestras expectativas son altas y vuestros deseos fuertes, es en las relaciones donde podéis experimentar el sufrimiento más profundo.

Conectad ahora con vuestra energía masculina y sentid cómo fluye a través de vuestro cuerpo. Manteneos neutrales, sentíos a gusto, abiertos y curiosos. Conectad con la parte instintiva de vuestro cuerpo masculino. Para ayudaros a hacer esto, imaginad que hay un animal a vuestro lado que representa este aspecto instintivo. Invitad al animal a acercarse a vosotros. Dadle la bienvenida. Sentid cuán salvaje es, cuán libre quiere ser. Percibid lo que este animal necesita. ¿Qué os dice?

El alma tiene un lado masculino y otro femenino. Sin ambas energías, ni siquiera os podríais encarnar como seres humanos. Necesitáis de ambas. Pero si habéis nacido en un cuerpo masculino y habéis experimentado lo que es ser un hombre, os habéis enfrentado con imágenes, reglas y valores que debéis respetar, porque os han sido superpuestos. En muchas tradiciones, especialmente las religiosas, la energía instintiva original se consideraba pecaminosa, sospechosa y "fuera de control". La energía masculina superior es instintivamente fuerte y quiere enfrentarse a la Verdad. Sin embargo, en las culturas y tradiciones basadas en el miedo, los hombres fueron obligados a reprimir no solo su lado femenino y sentimental, sino también su energía masculina original.

Dejad que el hombre prohibido hable. Si os hacéis amigos del animal que está a vuestro lado, si os conectáis con su fuerte poder instintivo, ¿qué sería lo primero que haríais? ¿Qué haríais de manera diferente? ¿Qué cambiaríais? Atreveos a estar en contacto con él. Permitid que la energía del animal llene vuestro cuerpo desde la punta de los dedos de vuestras manos hasta los dedos de los pies. Sentid el poder de este animal, su sabiduría, su poder instintivo. Haceos dueños de esta energía. Al mismo tiempo, manteneos presentes, recordad vuestra propia consciencia superior como un campo abierto, universal y neutral, que simplemente es.

Sois bienvenidos en la Tierra. Vuestra alma elige estar aquí. Tenéis algo importante que aportar. Estáis aquí para experimentaros y expresaros a vosotros mismos. Cuando lo hacéis, allanáis el camino para que la consciencia colectiva cambie y se abra a la verdad. Los seres humanos sostienen energías reprimidas en su interior que causan dolor, asfixia y sufrimiento. Tanto la energía masculina como la femenina acarrean en sí patrones emocionales profundos que dictan cómo ser y actuar. Estos patrones se transmiten de generación en generación. Como hijos, posiblemente como padres, estáis en una larga línea generacional. ¿Cómo podéis aportar algo positivo a la energía colectiva de la humanidad? Una forma es liberándoos a vosotros mismos de estos patrones preexistentes, de estas cajas mentales en las que os han metido, del dolor heredado y la energía reprimida que se transmite de generación en generación en vuestras familias.

Tenéis que liberaros primero vosotros. No podéis liberar a nadie más que a vosotros mismos. Vosotros y solo vosotros podéis elegir liberaros, pero no podéis tomar esa decisión por otra persona, aunque os gustaría evitar su sufrimiento. Cuando os liberáis, se envía una chispa de iluminación a toda vuestra línea familiar, a las generaciones anteriores y posteriores a vosotros, al pasado y al futuro. No es una cuestión de fuerza de voluntad liberaros a vosotros mismos de la represión y la asfixia de estos planos pasados. Es una cuestión de ir hacia dentro y daros la bienvenida a vosotros mismos.

Podéis ser quien sois.

La masculinidad basada en el corazón es bienvenida en la Tierra. Es hora de salir de la prisión. Escuchad al animal dentro de vosotros que sabe cómo sentir la energía de una manera pura y directa. Vuestra energía masculina original, o basada en el corazón, está en sintonía con la libertad, la creatividad y la independencia. En este tiempo de cambio y transición trascendentales, el retorno de la masculinidad basada en el corazón es de una importancia tremendamente significativa. El despertar de la consciencia no se trata solo de permitir el regreso de la energía femenina original y reconectarse con ella. Se trata también de reconectarse con la energía masculina original.

Los efectos del ego y de la energía masculina basada en el miedo son claramente visibles en la forma en que los líderes políticos autoritarios gobiernan y crean conflictos, en la forma en que la naturaleza y la madre tierra son explotadas. Es hora que la energía masculina se eleve más allá de su fase del ego y abrace la siguiente etapa de evolución. Vosotros sois precursores. Estáis en el proceso de dejar atrás el pasado y abrazar un nuevo tipo de energía masculina. Esa es vuestra contribución al colectivo, poner de manifiesto los defectos de la consciencia dominante y convertiros en un ejemplo de lo nuevo.

Vosotros seguís siendo buscadores que exploran un territorio desconocido. A veces deambuláis en círculos y os sentís perdidos y solos.

Está bien. Dejadlo estar.

Sois bienvenidos en la Tierra.

Es vuestra sinceridad, honestidad y vulnerabilidad lo que os llevará a la verdad.

La Nueva Tierra os espera.

13

SANANDO LA HERIDA MASCULINA COLECTIVA

Soy Jeshua.

Nos encontramos en un campo de energía compartida.

Cada uno de vosotros tiene emociones y pensamientos que parecen personales, pero no lo son. Todos compartís una historia y habéis sido influenciados por el campo de energía colectiva de la humanidad. Durante este tiempo de crisis global, hay una necesidad imperiosa de transformación y cambio. Hay muchísimo dolor y sufrimiento en el mundo y una profunda soledad en los corazones de las personas. No estáis aquí solamente por vuestro propio ser. Una luz quiere manifestarse a través de vosotros, que os ofrece la forma de salir de la consciencia dominante basada en el miedo.

Si mirarais la Tierra y a la humanidad desde fuera, percibiríais una niebla gris rodeando sus campos energéticos colectivos. Esto es un indicador de que las personas están rodeadas y afectadas por una densa capa de miedo que las separa del amor y de las otras personas. El miedo sofoca y cierra a las personas, afectando la comprensión que ellos pudieran tener acerca de su verdadero propósito. Les roba el verdadero sentido de sus vidas. Aquellos de vosotros que estáis en un camino espiritual estáis, a vuestra manera, tomando consciencia de cómo el miedo os frena y también de cómo superarlo.

Dentro del campo energético colectivo que rodea a la Tierra, la luz de la verdad y la transformación está siendo encendida por todas partes en el planeta. Esta luz siempre emana desde dentro. El verdadero cambio llegará a la Tierra no desde arriba, sino desde abajo. Nace a través de individuos que honestamente examinan su propia oscuridad y confusión, y que sienten un deseo urgente de liberarse de ella. En este momento, ellos son los verdaderos líderes.

Los que ocupan puestos de poder mundano están completamente atrapados en la niebla densa. El cambio vendrá más bien de personas que se "desprenden", que se distancian de la consciencia dominante, que se atreven a ser diferentes. Vosotros pertenecéis a ese grupo de pioneros invisibles. No podéis encajar en la energía del pasado. No podéis ignorar la llamada del futuro, la llamada a un tipo diferente de consciencia, más abierta, más honesta, más en contacto con el corazón, más profundamente conectada con el verdadero yo de uno mismo y con el verdadero yo de los demás.

Os invito a conectaros con esa parte vuestra que es pionera, con el líder invisible, el maestro, y a dirigir vuestra atención hacia el tema de la energía masculina, la herida masculina. Imaginad que veis el campo energético del "hombre promedio" frente a vosotros, que se siente estancado, incapaz de sentir sus sentimientos, expresar su creatividad y ser libre, y que está clamando internamente por la liberación.

Cuando miráis el campo energético de este hombre, que es el resultado de siglos de lavado de cerebro, ¿podéis localizar específicamente alguna zona oscura que indique tensión y presión en su cuerpo? Su corazón está tenso debido al dolor emocional que sufre, pero al mismo tiempo es él mismo quien lo reprime, porque no se permite sentirlo a sí mismo. Se siente inquieto y nervioso. Oculta su sensibilidad, siente que tiene que ser fuerte y decidido y todo el tiempo tiene un agujero en el corazón.

Observad lo que ocurre en su interior. Para sobrevivir, él ha escondido su vulnerabilidad y centra su esfuerzo en pensar. Se encierra en su cabeza, pero eso no resuelve nada, no alivia la enorme tensión que lleva dentro, tener sentimientos pero no poder expresarlos.

Sentid la inquietud y la frustración de este hombre. Es como un tigre enjaulado. Quiere escapar de la prisión porque siente que podría explotar, pero la ira y la agresividad no le ayudan a encontrar una salida. La ira y la frustración inconscientes solo lo alejan de la gente y de su propia naturaleza sensible, de su corazón. El lugar más inconsciente y, por lo tanto, más oscuro de su energía masculina está atrapado en el mecanismo de supervivencia repetitivo de pensar demasiado, trabajar demasiado y tratar de ser un "hombre fuerte y bueno".

Estos mecanismos de supervivencia repetitivos de exceso de mental, exceso de trabajo y tratar de ser un "hombre fuerte y bueno" son los aspectos más inconscientes y oscuros de su energía masculina. Ahí es donde se siente atrapado. No está en contacto con su empatía y suprime su creatividad e intuición para ser obediente a las autoridades externas mientras una corriente subyacente de miedo y rabia constantes lo carcome. Esto es lo que compone el campo energético del "hombre promedio", así es como se ve. ¿Qué papel desempeñáis vosotros en relación con este patrón colectivo, esta sombra masculina colectiva? Ya habéis salido parcialmente de esa prisión, de lo contrario, no estaríais leyendo este libro.

Sentid en lo más profundo de vuestro ser hasta qué punto estáis fuera de esta prisión. ¿Cómo es de libre vuestro corazón? Luego dirigid vuestra atención a este "hombre promedio". ¿Estáis dispuestos a estar en contacto con él? Para hacerlo, imaginadlo sentado en el suelo en una jaula, atrapado por barrotes. Quiere liberarse, pero no tiene ni idea de cómo hacerlo. ¿Qué os gustaría decirle?

Imaginaos que camináis hacia él y descubrís una forma de crear una puerta en su cárcel. Invitadlo a abrir la puerta. ¿Qué ocurre? Es posible que veáis dentro de este hombre encarcelado aspectos de vuestro padre, vuestro abuelo y vuestros ancestros masculinos que se remontan a muchas generaciones. Pensad en vosotros mismos como unos libertadores. Acercaos al hombre en la prisión y tomad su mano.

Una parte vuestra todavía está dentro de esa prisión, pero otra parte está fuera de ella. Sentid esto claramente. Sentid vuestra sabiduría, vuestra compasión, tanto por vosotros mismos como por todos los hombres. ¿Qué es lo que más necesita el hombre enjaulado? Podéis enviárselo energéticamente. Esto puede hacerse sin palabras, simplemente estando allí y sintiendo la compasión que tenéis por él en vuestro corazón.

A vuestra manera habéis sufrido por haber vivido de acuerdo con las expectativas de otras personas sobre cómo ser masculino. Tal vez sufristeis por un padre ausente o agresivo o no recibisteis suficiente atención y alimento emocional cuando erais niños. Aún así, estáis aquí con amor y sabiduría en vuestro corazón. Sois los hijos de esta historia y al mismo tiempo los padres de una nueva generación. Aunque no seáis padres biológicamente, sois padres energéticamente, para todos los que vengan después de vosotros.

Lo que os convierte en pioneros y líderes no está determinado principalmente por lo que hacéis o manifestáis en el mundo exterior. Es, ante todo, una hazaña interior: atreveros a ser diferentes, estar dispuestos a explorar las profundidades de vuestros sentimientos, enfrentaros a la oscuridad interior. Vuestro papel como pioneros espirituales se ejemplifica por lo que irradiáis hacia los demás, por cómo tocáis a las personas con una mirada, un gesto, una forma de ser. Un ejemplo vivo vale más que mil palabras académicas. La teoría y el dogma son meros conocimientos de segunda mano, que tienen poco peso en comparación con un ejemplo viviente.

Ser maestro consiste, en esencia, en transmitir energía y el resultado es la energía que habéis despertado y transformado en vuestro interior y que brilla sobre los demás. Es una vibración que las personas captan perfectamente, incluso si no tenéis intención de "sanarlas".

La luz de vuestra alma atraerá todo lo que necesitéis y encontrará su curso naturalmente sin esfuerzo voluntario.

Tened fe en vuestra luz.

No os preocupéis por los logros y el éxito externos.

Sucumbid al poder de vuestra luz interior.

AGRADECIMIENTOS

Me gustaría agradecer a varias personas por su ayuda en la creación de este libro. Primero que todo, como en todos mis libros anteriores, me he sentido fuertemente apoyada y motivada por las inspiradoras conversaciones con Gerrit Gielen.

Estoy muy agradecida a Bouke de Boer por organizar y ofrecer conjuntamente un taller especial de fin de semana para hombres, y cuyas meditaciones se incluyen en la parte tres del libro. Estoy agradecida a los participantes del taller, así como a varios lectores masculinos a quienes entrevisté posteriormente para la creación de este libro por su apertura y confianza.

ACERCA DE LA AUTORA

Pamela Kribbe vive en los Países Bajos, tiene un doctorado en filosofía y trabaja como escritora y terapeuta espiritual desde el año 2002. Sus libros (publicados en inglés y en muchos otros idiomas) especialmente The Jeshua Channelings, Heart Centered Living, The Christ Within y The Forbidden Female Speaks (este último, La Mujer Prohibida Habla, publicado también en español), se centran en la transición de la consciencia basada en el ego a la consciencia basada en el corazón.

Pamela ofrece talleres y conferencias en el área del crecimiento interior y la sanación emocional, frecuentemente en colaboración con el hipnoterapeuta Gerrit Gielen.

Podéis encontrar más información sobre ambos y su trabajo en su sitio web

en español: www.jeshua.net/esp,

y en inglés: www.jeshua.net.

OTRO LIBRO EN ESPAÑOL DE PAMELA KRIBBE

La Mujer Prohibida Habla

Conversaciones con María Magdalena

Sanar el vientre de las mujeres
y el corazón de los hombres

María Magdalena era considerada como "la mujer prohibida" en la tradición cristiana: salvaje, libre y pecadora. Este libro relata un diálogo con María Magdalena y mensajes provenientes de ella, canalizados por Pamela Kribbe. Trata sobre la energía masculina y femenina, las relaciones, la sexualidad y la sanación.

En estas enseñanzas, María Magdalena habla con una voz clara y amorosa, a veces es directa y confrontadora, pero es mayoritariamente compasiva y con una profunda apreciación de la naturaleza humana.

María Magdalena nos cuenta que, tanto en hombres como en mujeres, hay una energía femenina prohibida, que se relaciona con los sentimientos, la intuición y el corazón. En esta época ambos sexos están invitados a tomar consciencia de esta energía y a sanar la vieja herida de separación entre ellos. De esta manera, aprenderemos a escuchar nuevamente los susurros de nuestro corazón y a reconectarnos con nuestra alma.

ISBN: 978-84-15795-44-5

256 páginas

Ediciones Vesica Piscis.

Disponible en librerías o en nuestra tienda online: www.vesicapiscis.eu

OTROS LIBROS DE LA MISMA EDITORIAL

El Uno, sólo existe el Uno, Gérald Ben Merzoug

Despertar en el Corazón de la Presencia, Pierre Leré Guillemet

Ser en Unidad, Pierre Leré Guillemet

La Evasión Espiritual, Robert Augustus Masters

Alzheimer, hablar el lenguaje del corazón, Joëlle Thomas

El Akasha Humano, Monika Muranyi

El Alma Humana, Monika Muranyi

Resistentes en el alma, Dr. Louis Fouché

La audacia de vivir, Armelle Six

Consulta el catalogo completo en
   www.vesicapiscis.eu

y nuestro canal YouTube:
   https://www.youtube.com/@edicionesvesicapiscis

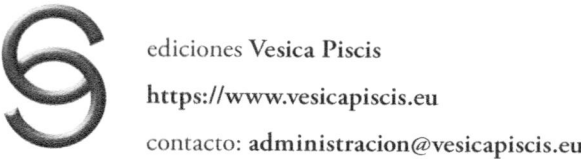

ediciones **Vesica Piscis**
https://www.vesicapiscis.eu
contacto: **administracion@vesicapiscis.eu**